# 税務担当奮闘記

## 企業税務の心得と体制強化

キヤノン 理事・
経理本部 税務担当 上席
菖蒲静夫【著】

中央経済社

# はじめに

私は、キヤノン株式会社の経理部門で44年弱、その内約40年を、税務担当として働いてきた「企業税務の実務家」です。２０１６（平成28）年からの9年弱は、私が所属している会社の中で税務担当としては初めて理事に就任し、社内のみならず対外的な場においても、企業における税の実務家が果たすべき役割の重要性を説き、また我が国及び国際的な課税制度のあるべき姿について提言活動に参画してまいりましたが、軸足はあくまでも「企業税務の実務家」であることに変わりはありません。

この本を書くにあたり、はたして現役諸氏をはじめ将来の税務担当を担う後継者として活躍される方々に「奮闘記」などと大仰なタイトルの税務に関する話を語れるのだろうか、ずいぶん悩みました。

しかし、考えてみれば、私が企業における税の実務家だからこそ、お話しできることは相当あるはずです。換言すれば、後継者の皆さんは、学者・税理士・官僚の方々からは聞くことのできない「現場での生きた経営税務」の話を知りたいと思っておられるかもしれません。そういう話であれば私の44年弱の体験の中から、いくつかご紹介できると思います。なお、文中意見に関するものは私個人のものであり所属している会社・部門の公式見解を表明するものではございません。

さて、毎年の税制改正や国際的な税に関するルール見直しの議論等を通じて感じるのは、世間一般からは、大企業においては税務についても要員を含め組織・体制が整備・充実していて、しっかりと練られた税務方針・戦略の下に、税務に係るコンプライアンスや最適化戦略が組織的・計画的に行われているものだと思われているようなのですが、実際のところは、企業内での税務の位置付けというものは世間が思っているほど重要なものとは認知されているとは限らず、要員配置についても必要最低限の少数精鋭主義がとられているところが多いのが実情です。私の税務担当としての歩みは、いわば如何にして税務担当・税務部門の地位向上を図っていくかを日々悩みながら実践し積上げてきた足跡に他なりません。日本の企業で税務担当として働いている者の中にはこのような者もいるということをご紹介がてら、「税務の体制充実に向けた奮闘の記録」をお伝えします。

なお、本書の出版にあたり、東レ株式会社 シニアフェロー・税務室長の栗原正明様並びに長島・大野・常松法律事務所 パートナー弁護士の南繁樹先生、そして中央経済社 編集次長の奥田真史様からは執筆をお勧めくださるとともに、内容等に関してのご助言もいただき大変お世話になりました。心から感謝申し上げます。

2024（令和6）年9月

菖蒲 静夫

# 目　次

## 第2章

## 第3章 各事業年度における仕事の進め方の留意点

目　次

# 第1章

# 経営者から期待される税務担当・税務部門の役割

## (1) 税務グループ5ヵ年計画の策定と経理部長への具申

今から約30年も前のことになりますが、私は当時経理部会計課税務グループの課長代理に就いたのを契機として、1993(平成5)年2月に、【税務グループ5ヵ年計画】を作成し当時の経理部長へ具申いたしました。以後、この計画をベースとして会社の税務部門は歩みを続けていると認識しています。

この【税務グループ5ヵ年計画】のポイントは、まず「税務担当の役割の変貌」として、〝税務署徴収事務代行型税務〟から〝経営意思決定サポート型税務〟への脱皮を謳っていることにあります。

具体的には、企業のグローバル化の進展と、1980年代後半からクローズアップされてきた移転価格税制やタックスヘイブン対策税制などの「国際税務問題」の顕在化・深刻化によって、一躍税務部門の強化・充実が経営意思決定に必要不可欠の状況となったことを訴えています。このような状況のもと、今や税務担当は、製品の販売価格決定プロセス、投融資案件の立案、無形資産の取得・提供、研究開発費・本社費の回収など、まさに経営意思決定に事前・事中に深く関与しサポートする存在としての重要な役割を期待されていると主張いたしました。また、キーワードとして次の5つを掲げました。

> ① 事務屋から経営管理スタッフへ
> ② 税務調査反省・改善型から事前指導・予防型へ
> ③ 相談受付型から問題発見・解決策提案型へ
> ④ 固定的エキスパート集団から複眼スペシャリスト集団へ
> ⑤ 親会社単体税務からグローバル&グループ税務へ

ここに記述した事柄はまさに企業の経営者が税務担当・税務部門に期待している役割ですが、企業の経理税務部門は、税制の制度的な変革への対応のみならず、企業グループとしても税コスト最適化の重要性が高まるなかますます税務担当に期待される戦略立案・推進・統括機能の発揮に向け、量・質ともにレベルアップが求められていると思います。

このような話を社内外の関係者にご説明する機会が何度かあり、よく質問されますのが、「なるほど内容的にはこのとおりであり違和感もありませんが、重要だと思ったのが、この

【税務グループ5ヵ年計画】を作成したのが30年も前のことであり、菖蒲さんもまだ30代前半と若かったときのことだということです。このように古い時代の若い頃にこの計画を策定された背景や動機等についてお聞きしたい。」というものです。

このご質問に対しては、とにかく社内における税務担当の人数を増やしたい、増やさなければならないと考え、そのためには人事権を有し実際に経理部門の人事異動等要員管理を行っている経理部長（当時）に承認を得ることが必要だったためですとお答えしています。「税務担当が足りないので増員をお願いします。」と要望するだけでは、「経理部門全体で人が足りない現状では、ない袖は振れぬ。」と相手にされませんので、「税務担当に期待される役割が大きく変貌を遂げており、その期待に応えるためにはかくかくしかじかの理由により税務担当を増員し組織の充実を図る必要がある」ことを、説得力を持って主張、説得できるだけのしっかりとした計画書を携えることが不可欠と考えたわけです。

この計画書の内容については、確かに30年前の当時としては、相当に先進的かつ本質的で重要な事項が盛り込まれていると、今読んでも陳腐化はしていないと自負はしているのですが、これらの内容について私が自分自身で発案したオリジナルのものかと問われれば、実のところは必ずしもそういうことではなく、記憶によれば、当時既にこの種の問題意識は税務業界では謳われ始めており、税務関係の専門書・啓蒙書にもこのような内容が書かれていましたし、会社の上司や先輩からもこの種の説教の類は聞かされていたような気がしています。30年の歳月は振り返れば随分と長いですけれども、社内において税務に期待される役割というものは実はそう大きく変わるものでもないように思われます。

## (2) 長い年月をかけて税務担当者の段階的増員を実現

1971（昭和46）年から1993（平成5）年初までの長期間に亘り本社経理部会計課の中で税務担当は僅か2名だったのを、この【税務グループ5ヵ年計画】の具申に合わせて1名増員が叶い3名体制とすることができました。続いてその6年後の1999（平成11）年にもう1名増員し4名体制にしましたが、この4名体制を8年間続けた後の2007（平成19）年以降税務要員増強の動きを加速させ、同年に2名増員し6名、翌2008（平成20）年に3名増員し9名体制、そして2015（平成27）年に念願の10名体制とし今日に至っています。また、8年続いた4名体制の後半2005（平成17）年には経理部会計課から分離独立する形で税務会計課を新設いたしました。

本来であればこの税務会計課新設のタイミングに合わせて要員の増強を行いたいところではありましたが、経理部門全体の人員逼迫の状況もありその2年後、２００７（平成19）年まで待たねばなりませんでした。その年の1年前、２００６（平成18）年に受けた税務調査は非常に厳しいもので、１９９９（平成11）年以降税務調査を第一着手で受けるようになり、通常は7月から12月の半年間が実地立入調査の期間となっていますが、２００６（平成18）年は調査が長引き、我々の経験では初めて越年、２００７（平成19）年春まで調査終了がずれ込む長期間のものとなりました。12月決算の場合、年明けの1月が決算業務のため年を通じて最も多忙な時期になりますが、その決算業務をこなしながらの税務調査対応のため、私を含め４名の税務会計課員は疲労蓄積により課内の雰囲気もギスギスと最悪の状況に陥ったことを良く覚えています。あのときの経験を振り返りますと、国税局特別国税調査官室（通称「特官室」）の税務調査を第一着手で受けるような大法人においては、僅か4名の税務担当ではとてもやっていけるものではないと痛感し、上長に切実な思いで増員をお願いし、その切迫感が通じ２００７（平成19）年の2名増員とその後の更なる増強が叶った次第です。

当時４名の中でも若手課員から言われたのは、小なりといえども税務会計課という独立した組織である以上、税務に関する専門的な業務に限らず、事務連絡や単純作業のようにやらなければならない細々としたいわゆる雑用の類もたくさんある以上、やはり専門家集団にこだわることなく、まずは必要な人員・頭数を揃えてほしいというものでした。このリクエストなり問い掛けは物事の本質を突いており、２００５（平成17）年に経理部会計課から分離・独立する形で税務会計課を創設したことが、こういう場面では不利に働いた可能性が考えられるわけです。それ以前、会計課の中での税務担当として仕事をしているときには、税務担当以外の会計課員も同じ課の仲間として、ともに力を合わせて事に当たることができていました。課として必要な細々としたいわゆる雑用の類も会計課という組織が滞りなく行いますし、税務調査対応でも手が回らず困ったときには気安く手伝ってもらうこともできました。ところが、同じ経理部とはいえ、課が異なると組織の壁というのはいつの間にかできあがるもので、かつてのような融通は利かなくなるのが現実というものです。それでも同じ経理部内の組織であることから、会計課が所管する会計データ（伝票、仕訳情報、会計帳簿、財務諸表等）は共有しており、税務上の課税所得金額を算出するために必要な会計上の当期純利益及び一定の各種加減算情報を部として共有することは、当然のことかもしれませんが、何の不自由もなくできています。近年においては、経理部から税務機能を分離・独立させて税務統括部や税務室（部レベル）といった組織を構えている会社が増えていますが、我々が現在でも経理部内で税務会計課という立場を変えていないのは、前述のような経緯も踏まえてのことです。将来において税務要員がさらに増えて20名、30名というような大所帯となることがあれば、部の単位に独立する可能性もあり得るとは思いますが、そのときの課題の一つとして、こういった組織の壁、セクショナリズムをどう乗り越えるか考える必要はあります。

このように会社における税務担当増員と税務部門独立に至る道程は長く、まさに「ローマは一日にして成らず」を地で行ったわけですが、結果的に振り返ってみればこれはこれで良かったように感じています。これは、我々に限ったことではなく、例えば仮に3～4名しかいない税務担当を一足飛びに3倍増の10名体制に拡充することなど現実的ではないでしょう。税務のような専門性の高い仕事は、すぐに誰でもがこなせるものではなく、数年かけて先輩からの指導・教育を受けながら一人前に育っていかなければなりませんので、突然多数のスタッフを同時期に増強などしても、このような指導・教育には手が回らないでしょうから、数年ごとのステップを踏みながら増員と組織体制作りを実現させていった道筋・変遷は無駄ではなかったと思います。

今日税務に関するコーポレートガバナンスの充実に向けた取組及び国内におけるグループ通算制度や国際課税におけるＢＥＰＳ（Base Erosion and Profit Shifting：税源浸食及び利益移転）プロジェクトへの対応に備えて、税務部門の組織力充実と税務要員の増強の必要性が高まっているわけですが、そのためには少々長い時間を要するかもしれませんが、慌てることなく着実にステップを踏んでいくことが有効であり、そのためにもＣＦＯ等トップマネジメントの理解・信頼・承認を得る働きかけが重要だろうと思います。他社さんにおかれても、我々のこのような取組事例が多少なりとも参考になれば幸甚に存じます。

## （3）税務担当部門の適正人数とその業務分担

前述のとおり、我々は、長い年月をかけて税務担当者の段階的増員を実現してきたのですが、はたして一般的に会社の中で税務担当は何人くらいが適当でしょうか。企業規模にもよりますが、仮に1名だとどの程度の業務を担当できるものでしょうか。どのように業務を分担するのが合理的であり、かつ長期的な人材育成に適しているのでしょうか。これらの問いに対して、私見を述べたいと思います。

会社の税務部門の人員は何人が適正なのかは、企業規模、業種によっても異なると思われることから、ずばり何名が適正であるとは言えません。銀行や商社、巨大製造業においては20～30名を擁しておられるとも聞き及びますが、一般的な製造業で国税局の特別国税調査官所掌法人の規模の会社では、組織のマネジメントの観点からは10名前後というのがちょうど良いのではないかと思っています。国内におけるグループ通算制度や国際課税におけるＢＥＰＳプロジェクト等への十分な対応を考えると、我々もあと2～3名補強して、12～13名程度の体制にしたいところではありますが、経理部門全体の組織と要員のバランスも考慮しなければなりません。問題は頭数のみならず各人の質・レベルにもあるような気もしますし、税務部門だけが良ければよいというわけにもいきません。なお、仮に税務担当者が1名のみということですと、決算及び確定申告における所得金額及び税額の計算に必要な情報の収集と加減算等の税務申告調整のための事務をすべてこなすのは至難の業です。我々もその昔、税務担当1名という時代がありましたが、その場合はその1名をサポートする経理部門全体の協力が必要不可欠です。所得金額及び税額計算自体は外部販売されているパッケージソフトウエア・ＩＴシステムを利用すれば一人でも行うことはできるとしても、その前段の必要情報は経理部門の各担当者に収集・提供してもらう必要があるでしょう。

前述のとおり、会社の税務担当部門の適正人数が何名であるかについて確かなことは言えませんが、我々の現状は10名体制となっており、私見としてはまずまずちょうど良いのではないかと思っており、この10名体制における業務分担は概ね以下のようにしております。

① 税務担当上席（アドバイザー）

②税務担当主席（部長相当職：税務全般の責任者）
③税務会計課長（税務会計課及び国際税務の責任者）
④税務担当主幹（課長相当職：国際税務総括）
⑤課長代理（国内税務総括）
⑥課員１（グループ通算制度等国内グループ税務担当）
⑦課員２（国際税務補佐）
⑧課員３（国内税務補佐）
⑨課員４（電子帳簿保存法・インボイス制度等納税環境整備等）
⑩課員５（消費税・固定資産税等諸税）
※前記①～⑩に記載の業務分担は一応の目安であり、実際には人事異動や課内業務ローテーション等の関係からその時々の実情に合わせて柔軟に決めております。

この10名体制における業務分担はあくまでも一例に過ぎず、会社によって異なることは当然のことだろうと思います。業務分担は概ね前記の①から⑩の逆方向、即ち新しく税務会計課のメンバーに加わった社員は、まずは消費税・固定資産税等の諸税から入り、以後、法人税のうち国内税務の補佐、法人税のうち国際税務の補佐というようにレベルアップしていくような課内人事ローテーションを実施しています。このようにステップを踏んでいくことで課内における各課員のレベルによる違いを考慮した意思疎通を図っています。

## (4) 国内税務と国際税務における実務を行ううえでの意識の違い

前記(3)で、税務担当10名体制における業務分担の状況を一例としてご紹介しましたので、ご覧いただければおわかりいただけると思いますが、現状では国内税務と国際税務を明確には分離しておらず、税務会計課という一つの課の中で一応国内税務と国際税務とに担当業務を分担しています。かつ、この業務分担も一応の目安であり、実際にはその時々の実情に合わせて柔軟に対応しております。

これには過去の経緯・反省も踏まえた理由があってのことです。実は十数年前に、一度税務部門を「国内税務」と「国際税務」の二つの課に分離したことがありました。その主たる目的は、課を二つに分離してミッションを明確化したほうが仕事もやりやすくて良いのではと判断したわけです。ところが、このことがかえって非効率を招く結果となりました。国際税務と国内税務とを別の業務として線を引き分担するというのは実はそう簡単なことではないことに気付きました。そもそも、ただでさえ税務担当要員が少数に限られているなかで、業務分担・組織を明確に分けてしまいますと、自分の仕事の範囲はどこまでで、どこから先が相手の仕事なのか妙に気になり始め、やたらと線引きを明確にしたがり、仕事の隙間ができたり、負荷調整が円滑にいかなくなったり非効率な面が目立つようになりました。

例えば、国際税務の中で移転価格税制に関しては比較的独立した業務として区分することはわかりやすいのですが、外国子会社合算税制、ＰＥ課税（Permanent Establishment：恒久的施設に対する法人所得課税）、過大利子税制、過小資本税制、外国税額控除制度、外国子会社受取配当金益金不算入制度等は、日本国内の課税所得金額及び法人税額の計算と密接に連携していることから国際税務・国内税務両方に跨って関わるものとも言えるでしょう。移転価格税制にしても、外国当局との関係においては明らかに国際税務ですが、日本の当局との関係においては日本の課税所得金額及び法人税額に影響を及ぼすことから国内税務との接点は多いと言えます。

結局十数年前のこの試みは失敗と判断し、僅か1年後に再び一つの課である税務会計課に統合し、今日に至っています。10名程度の少数精鋭により税務部門を運営していくためには、国内と国際とで業務分担を明確に区分し固定するよりも、分担は一応の目安として、時々の実情に応じて柔軟に対応できる体制にしておいたほうが良いと思います。もちろん、将来ＢＥＰＳ

対応等のために国際税務担当の大幅動員を図っていく状況となれば、改めて組織分離により各々のミッション・役割分担を明確化していく可能性が高まると考えます。

ところで、国内税務と国際税務において実務を行ううえでの意識の違いの有無ですが、国内税務において対応する当局は日本の国税局・税務署のみである一方、国際税務においては日本のみならず外国の税務当局とも対応することが必要であるという点において、根本的に意識は異なります。しかも、グループの最終親会社としての立場にある税務担当においては、対象となる外国の数も多く、外国グループ会社の税務部門との協業・連携も必要であることから、国際感覚を養うことが必要である点において国内税務のみを担当する場合に比べ求められる人物像も異なるでしょう。また、国際税務の中でも移転価格税制については、より事業運営や経営管理的なものの見方が必要とされる程度が強い点においても、国内税務とは異なる部分が多いと言えます。それでもなお、国内税務担当と国際税務担当とでキャリアパスを別々に分けるのが良いとは思っていません。両者とも税務担当という意味では共通していますので、両方共に対応できることが望ましく、順序としては、一般的にはまずは国内税務における法人税の課税所得金額及び税額計算のしくみを習熟することで、税務の基礎を会得したうえで、次に応用編として国際税務に進むというのが順当でしょう。

グループ会社の状況を見ると、日本国内の子会社の中で独立組織として税務課を設けている会社の数はごく僅かであり、ほとんどの子会社においては経理課もしくは会計課の中に税務機能も含まれています。税務課を設けるのは国際税務のウェイトが相当ある場合に限られます。換言すれば、「国際税務なければ税務課なし」と言っても過言ではありません。我々が「税務会計課」を創設したのも、前記（2）のとおり２００５（平成17）年と比較的近年のことであり（約20年前を近年と言えるかどうかは疑問かもしれませんが社歴87年から見れば比較的近年という認識です）、これも国際税務の重要性が高まったことが大きな要因となっています。つまり、国内税務のみの対応であれば、経理課もしくは会計課の中で当該課の一員として税務も含めて仕事に当たるほうが、情報共有や円滑な意思疎通の観点からむしろ効率的であり、税務課として組織を分離するよりも有効です。

それが、税務の仕事の中における国際税務のウェイトが大きくなるにつれて、決算業務を主とする経理課もしくは会計課とでは、税務が担う仕事の内容や指揮命令系統、組織のミッションが相当にずれてくるため、組織を分離することでそのずれの解消・解決を目指すことになるわけです。したがって私が思うには、会社の規模感にもよりますが、税務部門を独立させる要因として大きいのは、国際税務や連結納税（現グループ通算）等税務特有の業務の比重が増すことで、決算業務主体の組織内では互いのミッションが適合できなくなることにあるのではないでしょうか。

そのうえで、前記のとおり、国内税務と国際税務において実務を行ううえでの意識の違いは確かにあるわけですが、全く異なるというよりは、国内税務という土台の上に国際税務が応用編として乗っかる形で、両者は共存するのが好ましいと考えています。

この点、会社によっては、国内税務は在籍20年以上というようなベテランが配置されている一方で、国際税務はただでさえ人数が少ないのに、数年ごとのローテーションで担当が入れ替わるため社内にノウハウが蓄積され難いという悩みを抱えているところが多いと聞き及びます。これは、おそらく国際税務はある意味国内税務以上に専門的で難解・複雑であるが故に、社内で取り組むには荷が重いということで、ビッグ4をはじめとする大手税理士法人及びその海外ネットワークに依存しており、国際税務担当の社員は税の専門家・ベテランである必要は必ずしもないという判断を上層部がされている可能性が想定されます。この点は会社ごとに組織運営や人事方針等はさまざまありますので、こうでなければならないということもありませんが、国際税務担当について、数年ごとのローテーションにより担当者が入れ替わりなかなか社内にノウハウが蓄積し難いという悩みを解決するためには、やはり国内税務のみならず国際税務に関しても、たとえ少人数でも長期滞在組のコアとなるメンバーを確保し定着を図ることが必要ではないでしょうか。

## (5) グローバル化とデジタル化の時代に相応しいグループにおける税務組織のあり方

他方で、【税務グループ５ヵ年計画】を作成して以来30年が経過した今と当時とで明らかに変わったこととして、経済のデジタル化に伴うグローバル化の一層の進展と深化が挙げられます。グローバル化という言葉は30年前にも盛んに使われていましたが、そこに経済のデジタル化が加わることで、多国籍企業のビジネスモデルやコーポレートガバナンスが大きく変革しました。税務の世界ではまさにこの経済のデジタル化に伴う課税上の課題への解決策の策定が、ＢＥＰＳプロジェクトという形で、ＯＥＣＤ／Ｇ20の包摂的枠組みにおいて、世界約１４０ヵ国・地域が参加して新たな国際課税ルールが策定されようとしています。

したがって、今日【税務グループ５ヵ年計画】を改めて作成し直すとするならば、国際社会がグローバルの視点から取り組んでいる新国際課税ルールへの適切な対応のため、多国籍企業における税務に関するコーポレートガバナンスについて、新たな組織体制・取組方を策定する必要があると考えます。

具体的には、日本に本店が所在する日本法人であっても、事業活動が国境を越えてグローバルに行われている今日において、前述の新国際課税ルールへの対応等を適切に実施するための税務組織は、必ずしも日本にヘッドクォーターを置く必然性はなくなる可能性があります。例えば、情報収集の容易さやロビー活動の機動性の観点からOECD本部があるフランス・パリ又は国際税務に関する影響力の大きなアメリカ・ワシントン、イギリス・ロンドン等に税務のヘッドを置き、現地社員を国際税務のグローバル・ヘッド（最高税務責任者）とし、日本所在の最終親会社は国際税務に関しては外国所在のグローバル・ヘッドの下で日本を含むアジアの地域統括機能を担っていくというような組織体制に移行していくことも実に検討に値するテーマであると考えます。現にそのような体制を採用している日本企業も徐々に増えているように感じています。

もっとも、その際、社内的な課題として想定されるのは、グループの最終親会社である日本本社のCEO／CFOが主として日本で意思決定及び職務執行の監督等の経営に当たっているなかで、国際税務のグローバル・ヘッド機能を外国に置くことに不都合等がないかどうかはトップマネジメントとの対話も重ねてよくよく検討する必要があるでしょう。

## （6）最も重要なのはトップマネジメント（ＣＥＯ／ＣＦＯ）の理解・信頼・支持を得ること

この**第1章**では、経営者から期待される税務担当・税務部門の役割について述べさせていただきましたが、次章以降で各論に入っていく前に確認しておきたいことがあります。

産業界の集まり等で多くの会社からお聞きする各社様の悩み事として、なかなかトップマネジメントに税務の重要性及び税務担当・税務部門の体制作り・人材育成について理解を得るのが難しいというお話があります。もちろん、近年は税務に関するコーポレートガバナンス充実に向けた取組の重要性が、狭義の税務コンプライアンスという範囲を超えて、ＳＤＧｓ・ＥＳＧなどの企業が配慮すべき経営のあり方や行動指針においても重要視されていることから、株式市場に上場しているような大企業であれば、税務の重要性を否定するようなトップマネジメントはいないでしょう。一方で、会社の社風にもよるかもしれませんが、自社及び自社グループにおける税務の立ち位置及び直面している課題等について、真正面から向き合い理解しているトップマネジメントは必ずしも多くないかもしれません。

他社の関係者からは、毎年のように税制改正等に頑張って対応をしたとしても、「できて当然」のような印象を持たれていることが多く、なかなか経営層に関心をもってもらうことが難しく、大きなチャレンジができていない、というようなお話をお聞きすることがあります。「できて当然」もそうですし、ときには「そんなことに一生懸命頑張っても誰も評価しないよ」というような、税務担当にとっては重要な仕事ですが、CFOなどのマネジメントからみると会社にとって価値を創造する前向きな仕事とは認められていないと感じる場面に遭遇することもあります。例えば、国内税務では「連結納税制度からグループ通算制度への移行」対応や、国際税務では「グローバル・ミニマム課税制度」への対応がまさにそれで、両者とも大変複雑で事務負荷の重い業務でありながら、マネジメント側からみれば「それで会社にとってどういう意味があるの?」ということになってしまうのではないでしょうか。

会社は1990年代半ば以降CEO/CFOとして会社の成長・発展を牽引しているトップマネジメント自らが、企業が果たすべき重要な社会的責務の一つに「適正な納税」を掲げていることもあり、税務の重要性を建前ではなく本音・実質ベースで理解し、また機会あるごとに社内外でこの点について意見発信しています。このことは、とても幸運なことであります。このようなトップマネジメントによるリーダーシップの下に、我々税務担当・税務部門においても、冒頭(1)で紹介した【税務グループ5ヵ年計画】の策定・具申をはじめ、税務調査結果の報告会、決算前税務説明会、階層別人事研修における税務講座の開催等を通して、グループ会社を含めた関係部門に向けて税務に関する働きかけをスムーズに実施することができていると認識しています。

税務部門の組織強化・人材育成についても、我々税務担当からも勇気と情熱をもって、その必要性を経理部門のトップであるＣＦＯに訴え、理解・支持を得ることで、長い年月をかけて着実にステップアップしてきていると考えています。こうした息の長い取組を継続するためには、税務部門内において腰を落ち着けて邁進することのできるコアとなる人材の確保が必要不可欠であるように思います。ＣＦＯと税務コア人材との厚い信頼関係と密接なコミュニケーションが成立することで、税務の重要性の認知度向上及び税務担当・税務部門の強化・充実も実現できるというものです。

多くの会社において、税務担当も通常の経理部門内における人事ローテーションに組み込まれ、３~５年程度でさまざまな拠点の経理部門を転々と異動していくため、なかなか税務に関する知識・能力が社内に定着・蓄積していき難いという悩み、苦労を抱えていますが、この後の**第２章**（６）②で述べるように、税務部門においては長期滞在型のコアメンバーと３~５年間税務を経験して次の経理職場へ移っていく標準ローテーションメンバーの２系統から成るハイブリッド組織を確立することにつき、ＣＦＯの了解を得られていると認識しています。

なお先ほど、会社の社風にもよるかもしれないと触れましたが、ＣＥＯやＣＦＯ等のトップマネジメントの交替によっても、税務に対する理解度等は影響を受ける可能性はあるでしょう。

このような環境の変化に対しても、税務担当者は、会社として組織として税務の重要性について、理解と支持を得るべく勇気と情熱を持ち働きかけ続けることが必要と心得ます。

コラム　税務担当が常日頃から留意すべき８ヵ条の心得 ①

## トップマネジメントへ報告すべき事項等気配りすること

CFO等トップマネジメントへ報告等すべき事項か否かについて常に考慮して事に当たり、少なくとも税務に関連して、当該情報が世間に公開される、もしくは税務当局等から幹部社員へ説明等が求められる可能性が予見される事項については、税務部門内で抱え込むことなく、速やかにトップマネジメントへ報告すること。

何が報告すべき事項で何がそうでないかの判断については、まさに税務担当としてのセンスが問われるところであり、多用なトップマネジメントに対して何でもかんでも報告することは許されないが、一方何故このように重要な事項を事前に報告しなかったのだと不信感を招くようなことは断じて許されない。

最悪なのは、我々税務部門が事前にキャッチしていたにもかかわらずその重要情報が他のルートからトップに逆流する形で入ってきてしまうことである。我々のトップにそのような恥をかかせるようなことだけは絶対にないよう気配り目配りをすること。

# 第2章

# 税務担当に必要なスキル及び心構え

## （1）経理部門の一員として求められる基本的スキル

税務担当も経理部門の一員であり、そもそも法人税や消費税、固定資産税等の課税対象である所得金額や取引金額、評価額は、会計上の利益、収益・費用、取得価額等を基礎として算出される概念であることから、税務目的の固有の情報が独立して存在しているわけでもありません。したがって、まずは経理部門共通のインフラとして簿記・会計基準・財務諸表の作成・開示に係るルール、原価計算、予算管理に関する基礎的な知識・実務慣行等も身に付けておくことが役に立ちます。

方法論としては、オンザジョブトレーニング及び会社・経理部門が人材教育プログラムの一環で実施している研修及び通信教育等を活用することが有益です。これらに加えて自らも専門書を読み、社外のセミナーに参加する等自己啓発に励むことも効果的です。

ここで「経理部門の一員として」としたのはもう一つの意味も込めています。会社の規模が大きくなるにつれて、組織や業務分担が細分化してくると、どうしても組織の壁や担当者が自らの仕事の範囲に明確な線引きをするようになり、業務のタコツボ化が生じてくるという弊害も避けられません。もちろん、権限及び責任の所在の明確化や業務効率の向上といった利点があるからこそ組織や分担の細分化が図られるのですが、良いことばかりでもないわけです。

私が未だ20代後半のことですが、グループ会社の税務担当者に集まってもらいグループ税務検討会（日本国内）を立ち上げた当時の逸話に次のようなものがあります。初めてグループ会社の方々が集まった開会の時、各社の担当者に自己紹介をしてもらった場面で、ある会社から参加された経理課長さんから、「私は税務担当ではなく全部担当です。」と挨拶がありました。今からおよそ40年近くも以前のことではありますが、当時グループ会社において税務を専任で担当している社員を配置している会社は実は親会社だけでした。この挨拶に私はとても感心し以後事あるごとに今でもよく引き合いに出します。誠に重要な一言であり、税務担当だからといって税務だけをやっていればよいというものではないと諭されたような気がしました。逆もまた真なりで、税務というのは、会社の売上、原価・費用、資産・負債・資本等すべての取引の集積である当期純利益と、そこから一定の調整を経て誘導的に導き出される課税所得金額を元に法人税額を算出し申告・納税する仕事ですから、いわば「税務担当＝全部担当」と言い換えることもできます。

税務調査の場で、国税調査官から受ける質問の多くも、実は税務特有の事柄よりも、大部分は会社の活動全般における資金の流れとその資金の性質が正当なものであるか否かを解明しようとするものから成っています。なかには、税法特有の限度額計算や所得金額の算定における一定の加減算調整に誤りがないかどうかや、確定申告書の各別表の記載要件を満たしているかどうか、あるいは確定申告書に添付しなければならない必要書類が整っているかどうか等、税務に関する専門的な事柄に関する確認も行われますが、これらの専門的でテクニカルな内容の確認については、国税調査官がわざわざ会社に臨場して税務担当者と対面で問答する必要は必ずしもなく、会社から税務当局に提出された確定申告書及び添付書類一式を当局内で書面審査し、必要に応じて電話や郵便その他の通信手段を用いてやりとりすれば済む話です。多くの場合、実地立入調査において、国税調査官に対応する税務担当は「全部担当」であることが求められます。もちろん、税務担当が会社の資金の流れ等についてすべてを知り得るわけではありませんので、個々の内容については、それぞれの担当部門・担当者に説明を依頼することが必要ですから、そのためにもこれら個々の取引に関してどこの部門の誰に尋ねれば正しい事実関係を確認することができるのかを探り当てられるように「全部担当」の気概を持って取り組みたいものです。

## （2）税務の専門家としての税務決算、所得金額及び税額の算出・申告、税務調査対応に必要なスキル

経理部門の一員としての基本的スキルに続いて、税務担当として必須の税法等専門知識を身に付けることが重要です。また、実務担当としての立場から、理論のみならず実際に決算・申告・税務調査に対応できるスキルをマスターしなければなりません。これらのスキルを身に付けるための具体的な方法等については（6）③・⑤・⑥で触れます。

税務部門に配属されれば、本来の業務として、税に関する法令規則・通達等に接する機会も多く、それこそ決算・申告・税務調査対応が主たる職務となりますので、まずは日々目の前の税務の仕事に没頭することでスキルも付いてくることになりますが、ここで重要なことは税務の重要性や遣り甲斐のようなものを自覚できるかどうかです。単に経理社員としてのローテーション、キャリアパスの一環でたまたま税務を経験することになったという程度の思いでは、本当の意味での税務スキルを身に付けることは困難です。好きこそものの上手なれと言われるように、本人自身が税務に興味を持ち、使命感や責任感を有して取り組むことができるかどうかが問われます。

私自身は約40年の長きに亘って税務に興味を持ち続けて取り組んでくることができましたが、同じ職場で働いた同僚の中には、税務に馴染めず他部門等へ異動していった人も相当数いました。人それぞれですので、自分に向いていると思え、高い関心を持って取り組むことのできる仕事に出会うことができればまさに職業に貴賤なしであろうと思います。

## (3) 一般常識や会計基準と異なる税務特有の取扱いについて勘所を会得すること

税務担当となり、税務調査等を通じて国税調査官とやりとりをし、あるいは税制改正の解説を財務省主税局担当官から聴くときに感じることの一つに、税務は特殊なもので、世間一般の常識や会計基準とは取扱いが違うものがかなりあり、しかもそういう違いが実は重要なものである場合が多いことを挙げられます。

税務調査の場でしばしば国税調査官から呪文のように唱えられるフレーズの一つに、「会計上はそれで良いかもしれませんが税務上は認められません。」という有名な台詞があります。私も税務担当に就いてまだ間もないことは、このフレーズを聞くたびに違和感・反感を覚えたものですが、何度か税務調査を経験するうちに、税法令・通達にそう定められているからという形式的なことだけではなく、その背景・趣旨と言いますか勘所のようなものがわかってきたように思います。

税務担当でさえ、なかなか税務特有の取扱いを会得するのは容易ではないのですから、まして や税務担当以外の経理部門員や経理部門以外の関係部門の人にとっては、税務というのは難しい、まともなことを言っているつもりなのにそれは税務上認められませんと揚げ足を取られてしまうので、国税調査官とはうっかり話もできないというような苦手意識、抵抗感を持ってしまうのも無理からぬことです。このように一般の人にとって税務は近寄りがたい世界であるが故に、しょせんは銭金（ゼニカネ）の話なのだから税金を払えばいいんだろうと開き直ってしまう人もいます。事業企画や研究開発その他の現業部門の人にすれば、いちいち税務のことを気にしながら仕事をしていたら、機を逃してしまい競合他社に後れを取るから、税務対応は経理部門に任せるので事業運営を邪魔してくれるなというような趣旨の嫌味も言われたことがあります。しかし、そこで諦めてはいけません。税務コンプライアンスは決して経理・税務部門だけでできるものではなく、全社的に各部門が協力しなければ達成できません。経理・税務部門は事業部門の一般常識と税務当局特有の論理とのギャップを埋める橋渡し役を担えるよう努力しなければなりません。

換言すれば、税務には特有の取扱いがあることを知るとともになぜそのような取扱いがあるのかの背景・趣旨を会得し、税務当局の論理と企業側の一般常識等の溝を上手く埋めることができれば、プロフェッショナルな税務担当として活躍する道が拓けてきます。

以下に、一般常識や会計基準と異なる税務特有の取扱いについて、体験談を交えて事例を紹介いたします。

### ① 税法独自の繰延資産

法人税法施行令第十四条第一項第六号に税法独自の繰延資産が規定されていますが、その中でも同号ハに規定されている「役務の提供を受けるために支出する権利金その他の費用」というのが実務上なかなか理解し難い税務特有の取扱いです。

税務調査で議論になった過去の事例としては、ソフトウエアの外部委託開発費用の取扱いがあります。現在のルールではソフトウエアは繰延資産ではなく無形固定資産に分類されていますが、以前は繰延資産とされ、外部委託開発費用について繰延資産計上が求められていたことがあります。１９８０（昭和55）年頃からソフトウエアの開発費用が年々増加していきましたが、当時税務上の取扱いについて馴染みが薄かったこともあり、繰延資産計上せず発生時に費用処理し、税務上の申告加算調整もしていなかった外部委託開発費用が相当程度ありました。当時の法人税基本通達には税務上の繰延資産に該当するという規定があったのですが、多くの企業においてソフトウエアの外部委託開発費用がなぜ繰延資産に該当するのかその趣旨・理由について十分納得できていなかったように思います。

**② 自社利用ソフトウエアの研究開発費**

ソフトウエアについては現在のルールでは、繰延資産ではなく、減価償却資産である無形固定資産として分類されていますが、法人税基本通達７－３－15の３において、研究開発費の額はソフトウエアの取得価額に算入しないことができることとされています。ところが、カッコ書きがあり、自社利用ソフトウエアに係る研究開発費の額については、その自社利用ソフトウエアの利用により将来の収益獲得又は費用削減にならないことが明らかな場合における当該研究開発費の額に限ると、事実上自社利用ソフトウエアの研究開発費の額は、税務上は無形固定資産計上しなければならないことが定められています。

過去の税務調査で議論となった事例としては、クラウドを利用して顧客にサービスを提供するためのソフトウエアは自社利用ソフトウエアに該当するものと認定され、当該研究開発費の額について無形固定資産計上を求められたことがありました。販売目的ソフトウエアについては研究開発費の額について発生時損金算入が認められていることとの平仄からも、クラウド・ソフトウエアに係る研究開発費の額についても損金算入が認められてしかるべきであると主張もしましたが、現在の税法上の定義に従えば、クラウド・ソフトウエアは自社利用ソフトウエアに分類されるということになっています。この論点はその後も税制改正要望事項として継続して提言を行っていますが、２０２１（令和３）年度税制改正においては、自社利用ソフトウエアにかかる会計上の研究開発費について税務上も税額控除対象の試験研究費に算入することが認められたものの、発生時損金算入は認められず税務上は引き続き無形固定資産計上しなければならず、会計基準と税務上の取扱いが生き別れとなっています。財務省主税局による税制改正の解説では、「取得価額に関する前記のような会計と法人税の違いは、保守主義の原則に対する考え方の違いに基因するものであり、また、国際会計の世界で無形資産の範囲の見直しの議論が行われていることを踏まえると、前記のような政策税制における対応をするとしても、法人税法施行令における資産の取得価額に含まれる費用の範囲を見直すことは適当ではないと考えられます。」と、税会分離の方針が念押しまでされました。ハードウエア製品に係る試作のための研究開発費については税務上も会計基準と同様に発生時損金算入が認められているにもかかわらず、なぜソフトウエアについては税会分離にこだわらなければならないのか、企業に属する税務担当者及び研究開発部門等の関係者には理解に苦しむところであり、引き続き議論していきたいテーマです。

### ③ ハードウエアに係る外部委託研究開発費

前述のとおり、ソフトウエアを巡っては一般常識及び会計基準と税務上の取扱いの違いが根深く残っている一方、ハードウエアに関しては概ねこのような差異はないと認識していますが、時々税務調査において議論になるものとして、外部に研究開発を委託した場合の取扱いを巡る論点があります。

前記①の「税法独自の繰延資産」と関連しますが、例えば、会社が研究開発している新製品に組み込む半導体チップについては、外部の半導体デバイスメーカーに研究開発を委託することがあります。この場合、当該半導体チップの研究開発が成功した暁には、通常同じ半導体デバイスメーカーから当該半導体チップの量産品を仕入れて会社自身の新製品に搭載し完成品として生産・販売活動を行うことになります。

この一連の取引関係を確認した国税調査官から、この半導体チップの外部委託研究開発費は税務上試験研究費として発生時損金算入は認められず繰延資産計上すべきではないかと問題提起されることがあり、我々企業側はなぜ国税調査官はそのような言いがかり的な議論をしてくるのだろうと理解に苦しむわけです。国税調査官の言い分は、「外部委託研究開発費という名目を使っているがその実態は半導体チップの購入頭金であるから、これは法人税法施行令第十四条第一項第六号ハに規定されている役務の提供を受けるために支出する権利金その他の費用に該当する。」というものでした。これに対して我々企業側からは、「この実態は正に新しい半導体チップの研究開発行為をこの半導体デバイスメーカーに委託したものであり、半導体チップの購入頭金ではありません。研究開発の実態については調査官に事実確認いただいたとおりで、そもそも研究開発行為は不確実性を伴うもので必ず成功すると限ったものではありません。研究開発の成果を判定したうえで、次のステップである量産段階への移行へと進めており、外部委託研究開発費の支出と量産品の購入は別取引であり研究開発費の発生時損金算入は認められるべきものです。なお、税務上の繰延資産である開発費については支出時の全額損金算入（任意償却）が認められています。」と事実関係とともに反論・主張し、国税調査官にも納得いただいた例があります。

国税調査官の立場・職責から、ものごとを疑って事実関係を調査することは当然のこととして、そもそも論として、税法上の試験研究費には自社によるもののみならず外部委託によるものも認められているのですから、外部委託研究開発費をその後の量産品の購入頭金に当たるものとして繰延資産計上を求めるという発想自体が奇異に感じます。このような例からも、一般常識及び会計基準と税務上の取扱いとの間にはなかなか理解し難い溝があるということが窺い知れますが、なぜこのような見解の相違が生じるのか、会社側税務担当としても十分検討し議論に備える必要があります。

### ④　広告宣伝及びイベント開催に係る協賛費用

グループ経営において生産機能と販売機能が分離されており、研究開発及び生産統括機能は親会社が担い、販売機能は各国の販売子会社が担っている状況においては、原則として広告宣伝及びイベントの開催は販売子会社が企画・立案し実施しており、当該費用についても販売子会社が負担することが多いと認識しています。一方で、当該広告宣伝及びイベントの内容が、企業イメージの向上並びに新製品の認知、新技術のアピール及び新市場の開発を目的とするものであるときには、販売子会社から親会社に対して協賛依頼があり費用についても親会社に応分の負担を求められ、親会社としても合意する場合があります。

過去の税務調査で議論となった事例としては、この親会社から販売子会社に対する協賛費用の支払いについて、関連者に対する寄付金に該当するのではないかと疑われたことがあります。この例も見解の相違によるものですが、グループ会社間の取り決めにおいて、原則として広告宣伝及びイベントは販売子会社の機能として行うこととされていることを踏まえると、事後的に親会社が協賛し費用の一部を負担することは税務上寄付金に当たるものとみなされる可能性もあります。もっとも、親会社による協賛自体が問題なわけではなく、事前の計画策定段階から両社で協議のうえ、協賛について合意締結された覚書に基づいて、親会社が負担するに相応しい目的に合致したものについては正当なものとして是認されます。

企業側で判断が難しいのは、税務上正当な損金として認められるものと認められないものとの区分、判断基準です。企業としてはいずれも親会社が負担するに相応しい目的に合致したものと認められると考えていても、国税調査官からは税務上認められないものがあると指摘を受ける可能性があり、一般常識と税務上の取扱いに微妙な温度差があるようで疑問がなかなか解消できないこともあるようです。企業側としては、事前の計画段階から両社間で十分な協議・検討が詰められたものであることを客観的にも証明できれば正当と認められると理解しますので、事前計画段階から税務面からの検討もしっかりと行い備えることが重要です。

### ⑤ 海外生産子会社における新製品立ち上げに際しての日本親会社技術者等の派遣

日本の親会社が開発した新製品を海外生産子会社に製造委託するに際して、当該生産立ち上げのために日本親会社の技術者等を現地に派遣し技術指導等を行う場合があります。

過去の税務調査で議論となった事例としては、当該技術者派遣に要する費用について製造委託先生産子会社への請求がされていないのは、国外関連者に対する寄付金に該当する疑いがあるとして問題提起されたことがあります。企業側の反論としては、日本親会社技術者等の派遣は生産子会社からの依頼に基づく行為ではなく、当該新製品を開発した日本親会社自身の業務として行っているものであり、かつ、当該製造委託によって生産された新製品の全量は日本親会社が購入するものであるから生産子会社に対する支援行為ではなく日本親会社自らの活動である旨を主張することで正当化しました。

一方、新製品の立ち上げではなく、既存製品の生産拠点移管（日本の工場から海外へ移管、一方の海外生産子会社から他方の海外生産子会社への移管等）に伴う、移管先での生産立ち上げについては技術的には既に生産方法が確立しており、特段日本親会社から技術者等を派遣する必要はないことから、原則として移管先の生産子会社自らで立ち上げを行い、一部親会社等からの技術支援が必要な場合には当該技術者等の派遣に要する費用を移管先の生産子会社に請求することで税務上も問題とならないようにしています。

国外関連者に対する寄付金と移転価格税制との関係性にも関わる事柄でもあり難しい論点です。この種の判断に迷う取引に係る取扱いについては、国税局に税務相談を行い、税の安定性確保に努めています。

### ⑥ 海外生産子会社から収受するロイヤルティの設定方法

海外生産子会社が生産した製品の全量を日本親会社が購入するＯＵＴ－ＩＮ－ＯＵＴ取引においては、あくまでも製造委託取引（外注）であることから、ロイヤルティの収受はなく棚卸資産の取引価格に反映されます。

一方、海外生産子会社が生産した製品が日本親会社を経由せず海外販売子会社に販売されるＯＵＴ－ＯＵＴ取引においては、日本親会社は研究開発費用等を回収するために当該海外生産子会社からロイヤルティを収受することになります。

過去の税務調査で議論となった事例としては、このロイヤルティ料率の妥当性を巡る論点があります。我が国において移転価格税制が導入された１９８６（昭和61）年度以前においては、多くの企業においてインダストリー・スタンダードと言われる業界標準料率として、特許等知的財産のライセンス先に対して売上高の３～５％程度のロイヤルティ料率を設定しているところが多かったと認識しています。移転価格税制が導入された１９８０年代後半から２０００年代前半にかけては、日本企業が海外生産を急速に増大させていったタイミングとも重なり、我が国の産業の空洞化が進んだ時期ですが、税務面からも日本企業が海外の子会社による生産及び販売活動を活発化させ日本親会社を経由しないＯＵＴ－ＯＵＴ取引が増えるにつれて、税収の空洞化も懸念され、日本で開発・形成された知的財産等無形資産の価値に見合ったロイヤルティによる利益の回収が求められるようになりました。このロイヤルティ料率の設定方法として、従来のインダストリー・スタンダード方式では不十分であるとして移転価格の算定方法である残余利益分割法（ＲＰＳＭ）もしくは取引単位営業利益法（ＴＮＭＭ）の適用が要請されるようになってきたわけですが、これらの移転価格算定方法は一般的には馴染みが薄く、事業部門や知的財産部門の人からは理解し難いものでした。

ロイヤルティに関する伝統的・一般的な理解では、特許等知的財産に係る使用料というものは、賃借料や金利と類似して一定期間固定された業界標準的な料率が設定されるものだという認識が定着していたのに対して、当該知的財産を使用する海外子会社が獲得する利益率・収益性に着目してロイヤルティ料率を算定する移転価格税制の考え方によれば、利益率が高い場合にはロイヤルティ料率も高くなる一方で利益率が低い場合には料率は低くなるもしくは赤字の場合には０％もあり得るということになり、使用料が利益率に応じて変動する不安定な方式の採用はなかなか理解・共感を得られるものではありません。

このロイヤルティの事例は、税制が企業のグループ間取引における価格決定方法に介入するものとも言えますのでなかなか悩ましい問題です。移転価格税制の元来の考え方は、資本関係のない第三者間であれば成立したであろう価格を親子・兄弟関係にあるグループ会社間取引においても適用すべきであるとする独立企業原則（ＡＬＰ）に立脚しているものですが、実際には第三者間ではまず採用されることはないと思われる残余利益に着目したアプローチがロイヤルティ料率の設定に用いられるというのは、移転価格税制というのはなかなか難しい世界です。国際課税制度については、経理・税務部門のみならず事業部門・グループ会社等関係者にも理解されるよう働きかけることが重要です。

## ⑦ 収益の繰延計上や経費の繰上計上による申告誤りに係る税務上の取扱い（重加算税対象になるか否か）

税務調査が実施されるたびに我々会社関係者が最も気配りしていることとして、重加算税が課されるようなことはないように注意しようというものがあります。税務申告も人間が行うものである以上、一つのミスもなく完璧にできるものではありませんので、税務行政のプロである国税調査官から所得金額や税額の計算及びその前提となる会計決算上の損益計算に誤りを指摘され、修正申告を行い、又は更正処分を受けて追加納税を行わざるを得ない結果に終わることはある意味やむを得ないところではあります。一方で、適正な納税を、企業が果たすべき重要な社会的責務の一つに掲げている会社としては、重加算税の対象となるような指摘は受けてはならないという考え方を強く持っており、そのために税務に関するコーポレートガバナンスの充実に向けた取組にも力を入れてきたつもりです。

とはいえ、具体的にどのようなことが重加算税の対象となる事実の仮装・隠蔽行為に該当し、逆にそうではない事実誤認や不注意、うっかりミスに当たるのか、なかなか社会常識だけでは判断し難いところです。基本的に、会社の中で税逃れのために事実を仮装や隠蔽するような行為をする人はおりませんし、そもそものような動機もありません。しかし、現実に税務調査においては、税逃れを目的としているかどうかには関係なく、事実の仮装・隠蔽行為の結果として、所得金額や税額が過少申告となった事象があれば、重加算税の対象とされるような場合もあるようです。

どんなに注意しても、重加算税を全く課せられないよう完璧を期すことは困難かもしれませんが、指摘を受けた場合にはその原因を確認し、改善・再発防止策を策定し徹底してきたと自負しています。過去の経験で問題となった典型的な事例としては、収益の繰延計上や経費の繰上計上が挙げられます。

収益の繰延計上に当たる例としては、製品の売上に関して、単に引き渡して済むようなものではなく据え付け・調整を要する特殊なものに関して検収基準を採用している場合において、得意先からの検収通知書が発行されていないため、当方側の売上高計上処理も行っていなかったところ、税務調査で国税調査官が得意先に反面調査を実施した結果、その得意先において既に当該製品が事業の用に供されていたことが判明し、当方が事実を仮装して、売上高計上時期を繰延べたのではないかと疑いが持たれた事例があります。しかしながら、事実は得意先の検収処理が遅れ検収通知書も発行・受領しておらず、当方が売上高計上時期を繰延べたわけではありませんでしたので、結果としてその疑いは晴れました。

経費の繰上計上に当たる例としては、外部の調査会社に市場調査を委託しその成果物として調査結果のレポートを受領する取引があります。税務調査で調査結果レポートの受領年月日の確認を求められ事実関係を証明できる資料の提出を行ったところ、最終報告書の受領日が翌事業年度にずれ込んでいることが判明し、国税調査官からはこれは当方から委託先調査会社に対して当期の経費として処理するために請求書の発行を催促した、つまり事実を仮装して処理日を繰上げたのではないかと疑いが持たれた事例があります。しかしながら、その市場調査依頼元部門の担当者の認識では、委託した市場調査自体は当事業年度中に完了し、レポートについても適宜提供を受けており報告会も既に終了していたことから、最終報告書の形で受領したのは翌事業年度であっても、経費については当事業年度分として処理するのが正しいと判断したこと、少なくとも委託先調査会社との通謀等により事実を仮装するようなことは行っていない旨が説明され、重加算税を課されるような事態にはなりませんでした。

これらの事例からもわかりますように、ほとんどの場合には仮装・隠蔽行為に基づくものはなく、ましてや取引相手方との通謀や証憑書類等の破棄、隠匿もしくは改ざん等を行ったものはありません。大概は、これらの問題となった現場の担当者の社内ルールに関する理解不足や十分な事実確認を怠ったが故の処理誤り、あるいは税務調査の場における国税調査官からの質問に対する不用意な回答によって誤解を与えてしまったこと等によるもので、仮装・隠蔽等に該当するようなものではありませんでした。当然、この種の誤解に基づくものについても、結果として過少申告となってしまったものについては修正申告をし、又は更正処分を受けることになりますが、重加算税が課せられるようなものではないことについて我々会社側は諦めることなく丁寧に粘り強く国税調査官に説明・説得し、基本的にはご理解を得ています。

トップマネジメントからも、重加算税を課せられるようなことはあってはならない大変不名誉なことであると、税務調査反省会や決算前説明会、階層別人事研修、時には全社幹部会等の場でも口を酸っぱくして指導・訓示しており、全社的な周知・徹底が図られています。

## (4) 会社の事業運営のしくみとビジネスの流れを理解すること

税務調査への対応にしても、税務に関するコーポレートガバナンスの充実に向けた取組を行うにしても、そのためには経理・税務に関する知識のみでは十分とは言えません。まずは、自らが属する会社の事業運営のしくみとビジネスの流れを把握し理解しておく必要があります。企業ごとに理念や目的、社風、文化等は異なり、ビジネスモデルも事業の実態や時代の進歩に応じて変わっていく生きものですから、日頃からさまざまな機会を活用して現場の人達と交流し自らこれらを体得、自分の血肉としていくことが重要です。

体験談としても、私が本社経理部会計課の税務担当に就いて初めて経験した税務調査の場でつくづく感じたのは、税法知識や税務申告書の作成スキルよりもまずは自分が所属する企業のことを知ることの大切さです。約40年前の若い時分のことでもあり、今からすれば致し方のないところではありましたが、税務調査が入る前の年の暮れに事業部・工場の経理課から本社経理部に異動したばかりでしたので、税務調査で国税調査官から質問を受けても、自分には回答できるだけのバックボーンが全くと言ってよいほどにないことを思い知らされました。当時は、自分では答えることができないので、答えることのできる社内の部門と責任者・担当者を探し出すことに奔走し、これらの人々から国税調査官に説明をしてもらう役回りに終始した記憶があります。また、そもそも国税調査官からの質問の意味なり狙いが私自身理解できなかったことから、担当部門の人から回答をお願いするにしても、上手く質問内容を伝えることもできず、国税調査官と社内担当者との間を行ったり来たり随分と右往左往したものでした。そのような苦い経験を踏まえて徐々に企業内の各部門の仕事の内容を知り、国税調査官が何を意図して質問をしてくるのかもわかってくるようになりました。これらの経験を通じて、税務に限らず、企業の中で仕事を遂行していくためには教科書的な知識や理論を身に付けるだけでは何事も不十分であり、その前提として、自らが属する企業・組織のしくみと仕事の流れ、各職場のキーパーソンを知り、交流を深めることが重要であり必要だと改めて思います。

## （５）国際社会におけるコミュニケーションツールとしての英語

### ①　グローバル化する社会では英語が必須

移転価格税制や外国子会社合算税制、ＰＥ課税、外国税額控除制度その他の国際税務への適切な対応のためには、外国子会社で税務に携わっている現地社員と必要な情報を互いに提供し合える関係を築くことが必要で、そのためのコミュニケーションスキルとして外国語（特に事実上の世界共通言語である「英語」）による意思疎通能力を醸成することが肝要です。

体験談としては、１９８０年代後半から１９９０年代前半にかけて日米間の移転価格課税が大きな社会的問題となり、我々もそのための対応として、日米間のＡＰＡ（移転価格に関する当局との事前確認）を申請し、課税リスクを低減させることにしましたが、当時移転価格税制の主戦場・攻め手は米国側にあり、日本側はどちらかといえば守り手でしたから、まずは米内国歳入庁（ＩＲＳ）に対してどのようなシナリオで正当性を主張できるのか、プロジェクトチームを立ち上げ作戦を練らなければなりませんでした。米国子会社の税務部長はアメリカ人、アドバイザーの外部専門家もアメリカ人が主体ですので、当然の如く英語でのやりとりが必要で、英語に不慣れ不得意な私は大変苦労しました。初めてアメリカ人税務部長と対面で会議を持ったときは正直何を言っているのか聞き取れず、英語のできる日本人に通訳してもらいながらの打ち合わせとなりました。IRSへ提出するAPA申請書を和訳して日本国税庁(NTA)向けの申請書を作成する際も、アメリカの外部専門家(会計事務所)が作成した文書は分厚く内容的にも難解な用語で溢れており、さすがに自分で和訳することは諦め日本側の外部専門家に依頼することにしました。このとき、本気で英語に取り組まないと仕事にならないことを自覚し、以来英語の通信教育を手始めに休日には外部の英会話学校にも通い英語力向上に励みました。

2000年代に入ると、米国との関係のみならず、欧州、アジア・オセアニアにおいても移転価格税制への対応に迫られることになり、欧州及びアジアの地域統括販売会社の現地社員税務責任者と会議を開催することになり、ますます英語を使う場面が増えました。

2012(平成24)年以降に始まったOECD/G20の包摂的枠組みによるBEPSプロジェクトでは、OECD本部のあるフランス・パリで公聴会が開かれ、産業界からも意見陳述を行う機会が増えました。会社では、欧州統括販売会社の英国人税務部長にこの公聴会での意見陳述を行ってもらいました。本来は、日本の親会社から私が参加すべきであったかもしれませんが、地の利も生かして英国人税務部長にその役目を託したわけです。もちろん事前準備段階では私も英語で英国人税務部長とコミュニケーションをとりながら発言すべき内容を詰めました。幸いその英国人税務部長とは前述の２０００年代以来何度も対面で会議を行ってきた関係にあり、このような大舞台での意見陳述を成功裏に行うことができたのも、もともとの交流関係を土台としたものと言えます。英語によるコミュニケーションは必要ですが、あくまでも手段ですから、肝心なのは互いに伝え合うに値する中身を持っているか、信頼関係を有しているかどうかだろうと思います。

### ② 国際税務に関する海外グループ会社との役割分担

国際税務に関する日本の最終親会社と海外グループ会社との関係、役割分担は、多くの会社と同様に、グループ全体の税務ポリシーの策定及び移転価格税制、外国子会社合算税制、ＰＥ課税へのグループとしての対応ガイドラインの策定を日本の最終親会社が担い、海外グループ会社においてはグループポリシーに基づいて税務コンプライアンスを実行し、グループ全体を代表する日本の最終親会社が必要とする情報の提供に協力するという役割分担が基本となっています。

海外グループ会社は、(a)元々の自社ブランド製品を世界各国市場に向けて供給していくために設立・買収した地域販売会社（地域統括販売会社及びその傘下の各国販売会社）、(b)元々の自社ブランド製品を事業部門の管理下で受託生産及び受託研究開発を担う会社、(c)元々独立第三者であったがM&Aによりグループ会社入りした会社（当該グループの親会社とその傘下の子会社）、の大まかに三つの類型から成っています。

(a)の地域販売会社グループについては、欧・米・アジア・オセアニア・日本等に当該各地域を統括する販売会社をコアとして、傘下の各国販売会社を含め域内の税務マネジメントを委任しています。移転価格税制、外国子会社合算税制、PE課税等について、日本の最終親会社が必要な情報の収集についても、この地域統括販売会社に情報提供の依頼を行っています。

(b)の受託生産会社等のグループについては、日本の最終親会社の事業部門等が直轄しており、社長及び経理責任者が日本親会社からの出向者であることが多いことから、税務マネジメント情報の収集についても日本最終親会社から直接各社に提出依頼を行っており、スムーズに必要な情報の提供を受けることができています。

(c)の新たにグループ会社入りした会社については、当該会社を統括する親会社に対して傘下の子会社のものも含めて、日本の最終親会社が必要とする税務情報の提出依頼を行っています。

(a)の地域統括販売会社も(c)の新たにグループ入りした会社群の親会社も傘下の子会社を統括

している会社という意味においては同様の位置付けにありますが、(a)の場合には当該地域統括販売会社の経理責任者が日本親会社からの出向者であることから、税務担当者はローカル採用の現地社員であるものの、基本的には日本の最終親会社からの要請や依頼についてはスムーズに協力を得ることができています。各地域統括会社の税務担当者の在籍期間は長い場合が多く、日本の最終親会社税務担当との信頼関係もあり良好なコミュニケーションが取れていると認識しています。

一方の(c)の場合には、当該グループの親会社の経理責任者及び税務担当者はともにローカル採用の現地社員であることから、日本の最終親会社からの要請や依頼に対しては(a)の場合ほどにはスムーズには対応してもらいにくい面が否めません。特に、M＆Aにより子会社化はされても依然として少数株主が残っており株式市場に上場が継続しているような場合には、上場会社としての独立性確保及び少数株主利益の尊重等の観点もあり、日本の最終親会社が必要とする情報の提供についても慎重な態度を取ることも多く、正当な手続を踏むことが必要なため容易ならざる部分があります。また、スクイーズアウトにより完全子会社化が実現できた後も、やはり独立性の尊重が求められる面はあり、当該経理責任者及び税務担当者も基本的には日本の最終親会社と対等の立場を取ることから、十分な説明と納得を経たうえで情報提供等に協力してもらう必要があります。

グローバルに例えば数十ヵ国以上で数百社以上のグループ会社展開を行っている今日の多国籍企業においては、最終親会社の本社経理部門に属する税務部門のみで全世界の税務コンプライアンス、税務に関するコーポレートガバナンスを適切に実施することは不可能であり、各地域もしくは各事業部門を束ねる統括機能を担っている会社の税務部門とで、役割分担に関するコンセンサスを得て、その役割分担に基づいてグループとしての税務を推進していくことが重要です。このコンセンサスを形成するうえで有効な手段が、最終親会社としての自覚を踏まえて親会社税務部門がグループとしてのガイドライン案策定の音頭を取りつつも、上から目線ではなくグループの一員として対等の立場から各統括会社税務部門とのディスカッション、コミュニケーションを一定の頻度でできれば定期的に取り合うことではないでしょうか。コロナ禍以降、オンラインで相手の顔を観ながら会話を行うことも容易になりましたので、回数を重ねてオンラインではあってもフェイストゥフェイスでやり取りすれば、人間関係も構築できると思います。

## （6）企業における税の実務家に相応しい人材を発掘し育成する術

以上、この第2章では、税務担当に必要なスキル及び心構えについて述べましたが、これらのスキル等を身に付け、キャッチアップしていくためにどのような勉強なりトレーニングを行うのが有効であるかについて、私の体験談も含めてご紹介したいと思います。

### ① 税務担当を希望する人材の発掘

私自身の体験談となりますが、当時、会社の経理部門内で人事管理を担当している管理職（経理部副部長）が、定期的に本社及び各事業部・工場・事業所で勤務している経理部門員を巡回し個人面談が行われていました。私が勤務していた事業所でもその面談が行われ、将来の進路等について本人の希望について話をする機会があり、私は税理士の資格取得を目指し勉強しており将来は本社経理部において税務を担当してみたい旨をお伝えし、ちょうど前任の先輩税務担当が他部門への異動を控えていた関係もあって、需要と供給が上手くマッチして入社４年目に経理部会計課の税務担当として配属されることになりました。

会社の経理部門では、国内外の生産、販売グループ会社を含め各地の拠点に本社採用の経理要員数百名が配置され、概ね3~5年程度のサイクルで人事ローテーションが実施されており、その全員の人事管理を本社経理部門が行っています。本社採用の経理要員は基本的には将来の幹部候補であり、経理人材の教育方針は今も昔も経理のゼネラリスト養成が主であり、税務等のスペシャリストの育成は副次的な位置付けになっています。また社員の側からも将来経営を担う人材として活躍することを夢見て入社した人が多数で、スペシャリストになることを目指している人は少数派です。

そもそも多くの日本企業では新卒一括採用が一般的であることもあり、新入社員は入社後に配属先の職場を知らされることになりますが、経理部門に配属された新入社員のうち、最初から経理部門への配属を希望している人の割合は半数程度で、残り半分は経理以外の部門への配属を志望していたというようなことも珍しくありません。なかには経理だけには行きたくなかったというような人もいます。そういう状況ですから、ましてや税務担当を目指して入社して来る新人など普通はまずいないのではないでしょうか。

そういう中で私は例外的な人間ではあったのですが、例外とは言え、税務の仕事をやってみたいと思っている社員は探せばいるものだと思います。新入社員のときからでなくても、会社で経理の仕事をしているうちに、何らかのきっかけから税務に興味を持ち始める社員もいるでしょう。

好きこそものの上手なれと言いますように，税務という仕事はそれに高い関心を有して自ら学び実践していく情熱をもって取り組めるかどうかが，向き不向きの分かれ目ではないかと思いますので，一般的な経理ローテーションの中で３～５年経験して次の職場に移っていくというキャリアパスもありだとは思いますが，税務をやりたいと思っている人を，発掘するしかけを組織的に有しておくことが有効であると思います。

本社・事業・工場・グループ会社横断的に横串機能を発揮して経理部門全体の人事管理を担当する管理職が各拠点を巡回し個人面談等により各人の希望や適性を把握するしくみを持つことは良いことだと思います。

**②　経理部門の人事ローテーションの一環に税務も組み込む**

その昔私が若かった頃は，税務担当は一般的な経理ローテーションの枠外で個別管理されていました。即ち，一般的には３～５年のサイクルで工場→事業部→本社→販売会社→生産会社等の各拠点を異動しながら経理のゼネラリストとして歩むキャリアパスが形作られている一方で，税務担当についてはその専門性も考慮して一般的なローテーションよりも長い５～10年程度の滞留になることが通例でした。

税務担当の在任期間が長くなること自体はある意味理に適っていると思っているのですが、ともすればその専門性が障壁となって、多数の経理要員一般からは、税務担当が特殊部隊のように見られてしまう結果になることは必ずしも良いことだとは思えません。今日のように、グループ通算制度や組織再編税制、国際課税におけるBEPSプロジェクトへの対応等税務部門がカバーする仕事の領域が広範に及んできますと、かつてのような4~5名程度の少数精鋭組織では業務が回りませんので、必然的に少なくとも10名程度の要員体制を整備する必要性に迫られます。このような状況においては、税務担当を特別扱いしていたのでは間に合いませんので、前記①と矛盾すると思われるかもしれませんが、一般的な経理ローテーションの対象に税務部門も組み込み、母数を数百名から成る経理部門全体から税務担当を賄っていく体制へと進化させることが必要になります。10名程度の税務担当が3~5年程度のサイクルでメンバーが入れ替わりながら組織を維持していくことで、多数の経理要員にとっても違和感なく税務を身近な存在として受け入れることが可能になります。もちろん誰彼構わず機械的に人事ローテーションをかければ良いということではありませんので、経理部門の人事管理を司っている部署において、各経理要員の経歴や本人の希望、適性等も考慮して税務部門への配属を決定することは言うまでもありませんが、必ずしも税務担当を希望している人材のみを税務部門に配置するということでなくてもよいだろうと考えています。そのうえで、3~5年経験して次の職場に移っていくというキャリアパスを歩んでいく人もいるなかで、他方ではその間に税務に強い興味を持ってもう少し腰を落ち着けて税務を極めてみたいと考える人も出てくることになれば組織の厚みが増してきます。３～５年税務を担当した後に他の経理部門に異動していく人達にとっても、税務を経験したことは将来必ず役に立ちます。税務経験者が会社のさまざまな経理部門で活躍するようになれば、税務コンプライアンス等のマインドを社内に浸透させていきやすくなります。また、一度税務を経験した後に国内外の複数の経理部門で活躍した人材が再び税務部門に戻って仕事をするという例も実際にありますし、そういう人材は他部門で見識を広めてから再び税務を担当することで、最初に税務を担当したときよりもマネジメント感覚を有して取り組むことができ、経営税務への道が拓けてきます。

こうした状況を作り出すことで、税務部門は長期滞在型のコアメンバーと３～５年間税務を経験して次の経理職場へ移っていく標準ローテーションメンバーの２系統から成るハイブリッド組織が確立できると考えています。

一方で、最近は税務未経験の新任担当者の配属も珍しくないため、配属後に自分は税務（そもそも経理自体）に向いていないとして他の職場への異動を希望する人がいるのも事実です。向き不向きはどうしても避けられませんので、向いていない人が他の（経理以外の）職場へ移ることはやむを得ませんが、その結果として生じる欠員を補充するのが現実問題としてそう簡単にはいかないことも悩ましいところです。現在税務部門も経理部門全体の人事ローテーションの流れに乗っかって、3~5年ごとに本社・事業所・工場・国内外の子会社の各経理部門を経験するパターンが主流になっており、この経理ローテーションが上手く回っている間は、出る人がいれば入る人もいるので欠員は生じませんが、経理ローテーションの外側、経理以外の他部門や転職で出て行かれると、それは経理部門全体としても人員減少を意味するため、近年の人材不足の状況下では、おいそれとは補充され難いのが現状です。ですから、本人は税務に向いていないと思っても、もう少し続ければ面白さもわかってくるよと興味を持ってもらえるように働きかけて居続けてもらう努力が必要です。そうこうしているうちに3~5年経てば、人事ローテーションで他の職場（といっても経理部門内の話ですが）へ出ることが叶い交代要員も入ってくるというのが良いパターンです。とはいえ、本当に税務（経理）に向いていない人については残念ながら3年間我慢してもらうことは無理ですので、本人のためにも税務部門にとっても、会社全体としても、適性のある他の職場へ移ってもらうことが良いであろうことも事実です。この種の悩みは、税務に限った話ではなく、どの職場でも類似の課題は抱えているようです。答えのない冗長な文になりすみませんが、人材の確保と育成は重要なテーマです。

### ③ 税務担当として必要なスキルを身に付けるための勉強等

税務スキルについては、前記（2）で述べたように、決算・申告・税務調査対応に必要な知識・能力をまずは習得する必要がありますが、知識については、税務に関する専門書を読解し、必要に応じて通信教育を受け、諸先輩が作成し蓄積してきた社内ルールや業務マニュアルを日々の業務遂行に関連付けて理解することで一定程度会得することはできます。

また、さらに税務を極めたいと思う場合には、国家資格である税理士試験の合格を目指して自己啓発に励むことも有効です。その場合、できるだけ仕事と試験勉強との相乗効果が得られるように、税法科目については、法人税法と消費税法を優先的に選択するのが良いと思います。私の場合、税理士試験に合格したことで、会社の中における税務担当としての自分の存在価値が認められ、周囲から信頼を得ることができ、私自身としても立ち位置を明確にできたことは良い成果であったと言えます。これから取ろうとする人に対しても、興味のある人にはぜひトライしてもらいたいと思います。

一方で、会社は、法令等によって税理士有資格者の配置が義務付けられているわけではありませんので、会社勤めをしながら税理士試験の合格を目指して勉強をするとしても、そのための費用や時間を社員に提供してくれる会社は通常はないでしょう。この点、特定の事業を行う際、その企業や事業場に必要な資格を有している者を置かなければならないと法律で義務付けられている必置資格とは性質が異なりますので、税理士資格を目指す場合には、そのために要する費用や時間を含めてあくまでも自己啓発として自ら負担するのが一般的です。また、自己啓発の努力が実り見事に税理士試験に合格したからといって、それが直ちに会社内において高い人事評価や昇格・昇進につながるものでもなく、通常は試験合格情報も参考にしつつ、基本はその年度における業績達成への貢献度等に基づいて決定される場合が多いと思います。もちろん、税理士試験のように難易度が高く、内容的にも会社における税実務にも大変有益で役に立つ資格ですから、社員教育や人材開発にまともに取り組む会社であるならば、こうした社員自らの懸命な努力の成果に関しては、その後の処遇・人事評価において何らかのプラスの配慮がなされると思われます。私の場合はまさに良い上長と職場環境に恵まれて、税理士試験に合格した2年後に主任研究員（当時、事務系社員にも研究員という役職名が用いられていました）、その翌年には課長代理に、昇進しましたので、直接的ではないにしても有効に作用したものと推察していますが、明示的にそういう判断がされたという説明は聞いておりません。法律で義務付けられている必置資格であれば、資格の有無によって処遇の違いは明確になると思いますが、税理士や公認会計士等のように必置でないものについてどう評価するかはなかなか明確には反映し難いのではないでしょうか。

我々の場合、経理の職場で働きながら税理士試験に合格した後輩は1名おりましたが、その人の場合には処遇に満足できなかったのかどうか定かではありませんが、退職・独立し自ら税理士事務所を開業しました。さらに2名は入社以前に前職において既に税理士の有資格者としてキャリア採用した人達で、この2名の場合にはキャリア採用の条件として税理士有資格者であることを前提としていましたので、待遇面においては明確に因果関係が成立していたと思いますが、結果的には後に会社を退職し他社へ転職して行きました。キャリア採用における留意事項は後で述べます。

独立して税理士事務所を開業するのであれば、税理士資格を有することが必須であることは明白ですが、会社の中で社員として税務を担当するために税理士資格が必須かと問われますと、必須ではないと答えざるを得ませんが、有していれば一定の能力保持者であることは証明されているのですから、決して無駄ということはありません。

この点は、多くの事業会社において人事上の取扱いにおいて配慮すべき重要な課題の一つであります。現在及び将来の日本社会における少子高齢化の影響は、企業が優秀な人材を如何にして採用し育成していくべきかを考えるにあたり極めて切実な問題です。税務に限りませんが、専門人材を正当に評価していくためには、国家資格試験に合格した人に対する正当な評価基準を何らかの形で明示していくことが必要になると考えます。他方で、同じ職場の中で有資格者と資格を有さない者が居て、仕事の目標達成度や業績への貢献度が同レベル、もしくは有資格者よりもそうでない者のほうがむしろこれらの達成度や貢献度が高いと認められるときにどうするかという課題も生じるでしょう。法律で義務付けられている必置資格でない以上、有資格者であるからというだけで資格を有さない者よりも高い人事評価を行えば、公平性の問題が出てしまいますので、やはり、資格を有していることの事実については考慮しつつも最終的な人事評価は仕事の目標達成度や業績への貢献度に基づいて決定せざるを得ないのではないでしょうか。理想的には、有資格者のアウトプットである達成度や貢献度が、資格を有していない者のよりも優れたものになることが期待されますが、現実にはそうでない場合もあり得るでしょう。この論点は、各社各様の判断と結論に落ち着かせるべきテーマですが、私見を言わせていただければ、一定の有資格者に対する処遇の明確化を図りつつ、それが人事評価全体に占めるウェイトはあくまでも一部要素であり、基本的にはアウトプットである仕事達成度や業績貢献度で判断・決定されるウェイトが大部分ということになるのではないでしょうか。

### ④ 税務担当に必要な心構えを体得するためのキャッチアップ方法

本書では「経営税務」をキーワードに掲げていることからも、大切なのはスキルのみならず心構えです。税務は会社のキャッシュフローに大きな影響を及ぼす重要な仕事ですので、税務担当であると同時に会社経営の一翼を担っているという気概を持って取り組むことが必要です。

そのためには、まずは税務担当である前に、会社の一員、そして経理部門の一員として全体最適の視点を持って税務の仕事に取り組むことが大切ですから、そのような全体最適の視点を持ち実践している良き先輩や上長の言動を手本としつつ、自らの考え方も織り込んで税務担当に求められる機能・役割を自覚し行動しなければなりません。換言すれば、職場の先輩や上長は、若い税務担当に対して、スキルのみならず心構えを含めて自らが悩み歩んできた足跡を伝授する必要があります。

心構えなどと言うと科学的な根拠に乏しい精神論のように聞こえるかもしれませんが、目標に向かってさまざまなプロジェクトを立ち上げ計画を進めていく過程において、あるいは外的な要因により想定外の影響を被る事態が起きた場合において、会社は全体最適の観点から適切な対応策を講じる必要が生じます。このような場合に、税務担当がスキルのみに基づいて、これらの計画及び対応策の立案に対し受け身の姿勢で税務上の取扱いを判断し処理してしまったのでは経営税務の域に到達できません。税務担当及び税務部門に期待される役割は、これらの計画及び対応策の立案過程に税務も積極的に関与して、税務の視点から最適化を目指すとともに、最悪でも会社が不利益を被るようなことにならないように次善の策を講ずることです。このように税務が積極的に関与することで関係部門からの信頼を得ることが叶い、ひいては来るべき税務調査への対応時においても関係部門からの協力を引き出すことができるようになります。

とはいえ、この種の心構えを税務担当に着任して日も浅い新人に期待するのは難しいのも事実ですから、まずは先輩や上長が日々の仕事の中で行動し手本を示すことで、地道に伝授していくことが大切だろうと思います。

### ⑤ 事業部門等関係部門からの税務相談・質疑応答を通じた鍛錬

私自身の経験からも言えることですが、税務担当として日々業務に取り組んでいるなかで、最も多くの時間を費やしている仕事は、社内の事業部門等さまざまな関係部門からの税務相談・質疑応答への対応であろうと思います。そして、この仕事が最も税務担当としての知識・能力・スキルアップに、そして社内関係者との人脈形成・信頼醸成に、有効なものであると感じています。

まず、関係部門から受けるさまざまな相談等は非常に多岐に亘りますので、自分の知らない新たな事象に遭遇することも多いことから、これらの相談等に対する答えを導き出す過程において、税法令規則・通達等の規定、税に関する専門書籍を調べ、税務部門内の同僚や先輩にも意見等を求め、必要に応じて税務顧問の先生方や税務当局にご相談するなど、とても良い勉強・鍛錬の機会を得ることができます。教科書的な勉強よりも、こうした実際の相談等を通じて実務に直結した学びは自らの血肉・ノウハウの蓄積に有効です。

次に、多岐に亘るとはいえ、経験を重ねるなかでは、過去に同様もしくは類似の相談等に受け答えしてきた事例が繰り返されることもありますので、これらの過去の質疑応答事例を記録し、税務部門内の共有データとして検索可能な状態で蓄積することで、属人的でない組織としての知識・能力向上を図ることができます。実務においては法令規則・通達等で答えが明らかな相談等ばかりではありませんので、会社自身としての解釈・見解・ポジションをできるだけブレないよう首尾一貫させるためにも、こうした過去の相談事例の記録・集積は大変有益です。

さらには、過去の相談事例の中から会社にとって特に重要な事象については、社内ルール（会社規程・細則・通達等）としてまとめ上げ社内ウェブサイト上に掲載することで、関係部門に周知徹底を図ることが可能となります。

## ⑥ 税務調査への全社対応事務局を経験することで得られるスキル

前記の社内関係部門からの税務相談等と同じくらいあるいはそれ以上に鍛えられる場が税務当局による税務調査への対応経験です。

社内からの相談事とはまた異なり、国税調査官による目の付け所というのは、さすがはその道のプロだけのことはあります。会社が過去数十年にも亘って税務調査を受けてきた経験を踏まえ、毎回の当局からの指摘事項については、反省・改善策を講じてきているわけですが、それでも、税務調査の都度新たな課題点が出てきます。税務調査の結果全く問題なしとしていわば100点満点を獲得して終わることはなく、毎回何らかの指摘を受けるのが実情で、それはある意味永遠のテーマでもありますが、それにめげることなく会社としては再発防止策を立案し関係部門に協力をお願い、周知徹底を図ることになります。

こうした、税務調査への対応とその後の反省改善策の立案・実行、そのうえでの適正な決算と税務申告・納税というサイクルを回していく過程を通じて、会社全体及び税務部門と税務担当のスキル、税務調査への勘所が磨かれていくことになります。

また、税務調査への対応を通じて国税調査官との良好な人間関係の形成を通じて、税務調査及び税務当局に対するある種の苦手意識・アレルギーも解消できるものだと感じています。一般的に、税務当局による税務調査を受けるというのは歓迎されざることであり、できることならなるべく巻き込まれたくないと願うものです。国税調査官から資料の提出要請や質問を受けますと、会社内でその質問等に対して回答できる担当部門・担当者に資料提出や説明を行ってもらうよう依頼をするのですが、これがそう簡単には事が運びません。このような場面では税務担当者は当局と会社担当部門との板挟みとなり、対応に悩む場面もしばしばです。それでも国税調査官は税法で認められた質問検査権に基づいて質問等をしているわけですから、会社側としてもきちんと説明しなければなりませんので、会社内の担当部門・担当者に調査官の質問の意図や目的を正しく伝達し、理解と協力を得て、回答に臨みます。事実関係等を的確に説明でき調査官に納得いただき問題なしということになれば、良かった良かったと一安心でき、担当部門と税務担当との信頼関係が結ばれます。なお、何度か税務調査を経験していくと、税務当局の組織や執行方針、調査官グループ内の役割分担等もわかってくるようになり、加えて国税調査官とのコミュニケーションの取り方や関係性の構築等についても勘所がつかめてきます。税務調査においては互いに立場も異なり厳しい関係になりがちですが、数ヵ月間をともに過ごす中で徐々に人と人との間の信頼関係のようなものも生まれてきて、調査終了後は率直に相談等をし合える関係に発展できることもあります。

その他、税務調査が税務担当にとって貴重な体験ができる例としては、国税局調査部で実地税務調査を担当する特別国税調査官グループが来社された際には、ＣＦＯをはじめ社内各部門の最高責任者から調査官に対して説明を行う場に同席することができることも挙げることができます。また、必要に応じて工場、事業所に出張調査する場合にも、工場長、事業所責任者等の各地のトップマネジメント自らが工場、事業等の概況説明や現場視察を行うその場に同行することで、各トップがどのような考えを持って経営に当たっているか現場の生の様子を知り、一税務担当という狭い領分から広い視野と高い視座を学ぶ機会に恵まれます。このような体験を通じて、自分が真に会社の一員であることを自覚し経営税務への道を目指す動機付けともなります。

### ⑦ キャリア採用（中途採用）における留意事項

多くの企業において、税務部門に期待される役割並びに事務負担の増大に対し、税務要員の不足問題には頭を悩ませており、その改善策の一つとしてキャリア採用による即戦力の増強が検討され実施されているようです。キャリア採用の場合、前職でも税務の経験があり知識・スキル面においても安心できるメリットがあります。特に、国際税務課題への対応や連結納税制度（現グループ通算制度）の導入といった会社側に具体的で明確なニーズがあり、これらについてプロジェクトをスタートさせる場合にキャリア採用によるメンバーの補強を図るのは大変有効な手段となります。

一方で、キャリア採用により入社される人物の前職が異業種や税理士法人出身者である場合に留意する必要があるのが、会社の事業運営のしくみやビジネス実態を理解し、事業部門等他部門関係者との良好な信頼関係を築けるかどうかです。前職で身に付けた貴重で有用な知識・スキルをベースとしつつも、新たに参加したチームの一員として、いわば同じ釜の飯を食う仲間として、上手く馴染んでもらえるよう受け入れた会社側でも温かく見守り導いていくことが必要です。

我々も、過去において、国際税務課題への対応や連結納税制度の導入のためのプロジェクトの立ち上げにあわせて、複数のキャリア採用を実施した経験を有していますが、残念なことにその方々はいずれもその後他社へ転職して行かれました。本人達から聞いた限りでは、特段不満があったからではなく、新たな可能性を求めて前向きに転職することにしたという説明でした。変に先入観を持ってもいけないと思いますが、キャリア採用で入社される人物像としては、この会社に骨を埋める覚悟で入社されるというよりは、自身のスキルアップとキャリア形成にプラスであるかどうかに価値判断の優先度が高く置かれているように感じています。特に新たなプロジェクトの立ち上げに際してキャリア採用を行った場合の例では、そのプロジェクトが一段落して通常のルーティン業務に移行しますと、彼ら彼女らのモチベーションを維持させ続ける場が提供でき難くなる可能性も考えられます。如何にして税務担当者のモチベーションを保ち続けるかは重要な課題です。昇進や昇給といった全社的な人事制度面からはなかなか部門独自で何か特別なことをできるということは多くないとすれば、やはり仕事を通じたやりがいや達成感を味わえる場を提供することができるかどうかにかかっていると思われます。この十数年は、ＢＥＰＳプロジェクトやグループ通算制度、組織再編税制等の新制度の導入及び既存制度の大きな見直しが目白押しであることから、取り組むべき新たなテーマが途切れることはありませんので、仕事の環境においては、モチベーションを保つ材料に困ることはないと思います。つまるところは本人の考え方次第ではないでしょうか。

このような私の考え方は古く時代錯誤なものなのかもしれませんが、良い悪いではなく、キャリア採用を検討するに際してはこういったことも頭の片隅に入れたうえで実施の是非を判断する必要があると思われます。

以上、企業における税の実務人材の発掘と育成について、①から⑦に整理しましたが、全体を通して、何を中心軸にして勉強すれば良いかのメリハリのつけ方について私見を述べておきたいと思います。私の経験を踏まえてふりかえりますと、あくまでも会社に属する社員として税実務に精通することが重要であるという観点から、⑤の事業部門等関係部門からの税務相談を通じた鍛錬と⑥の税務調査への全社対応事務局の経験を通じた勘所の会得の二つが中心軸になると思います。単に教科書的な知識を学べば事足りるということはありませんので、日々の仕事・実践の場で自らを鍛えていくことが大切でしょう。

コラム　税務担当が常日頃から留意すべき８ヵ条の心得 ②

## 個人所得税等 所管外の税目に関しても関与する心構えに留意

個人所得税（相続税、贈与税が含まれる場合もある）の取扱いに関し経理本部は所管部門ではないが、かといって秘書室及び人事本部、年金基金等が必ずしもこれらの税の取扱いに精通しているわけでもない。したがって、特に法人税との関連性が強い事項（給与、福利厚生費、交通費、交際費、寄付金、受贈益等）を中心として、経理本部の税務会計課が目配りをすることが求められている。しかもこれらは情報の機密性が高い事柄が多いこともあり、管理職自らが適切に対応することが求められる。

もちろん、経理本部の税務会計課も個人所得税の取扱いについては必ずしも専門職ではないため、必要に応じて会社税務顧問の税理士各位にご相談し遺漏無きよう努めることが重要であることは言うまでもない。

経理本部税務会計課の心構えとしては、くれぐれも「個人所得税は当部門の所管職務ではないので対応できない」などと入り口で門を閉ざすような姿勢をとらないことであり、全体最適の観点から税に関する事柄については職務分掌の垣根を越えてすべからく経理本部税務会計課が適切に関与すべしとの覚悟を持ち、当管理職においては個人所得税の取扱いについても日頃から機会を見つけて習得することが肝要である。

# 第3章

# 各事業年度における仕事の進め方の留意点

## （1）法令及び会計基準等のルールに準拠したルーティン業務

経理・税務担当の場合、法令及び会計基準等のルールに従ってやらなければならないルーティンの業務が多数あります。税務担当は、次年度の利益計画（予算編成）に際して法人税等の計算を行い、当年度の実績に関する決算時の税金引当て、そして申告期限までの税務申告業務があり、確定申告書提出後は国税局の税務調査対応へと続きます。

12月決算法人の場合には、11月に翌年度利益計画のための税金計算、12～1月に決算時税金引当て、2～4月に確定申告業務、7～12月が税務調査対応という具合です。もちろん、毎年度の税制改正に関する理解と実務対応策も準備しなければなりません。したがって、税務担当は自らの起案により何か新しい目標設定をしなくても、やるべき仕事は次々と迫ってくるので、これらを淡々とこなしていくだけでも、相当に忙しい1年間を過ごすことになります。

しかしそれで満足しそこに留まっていては進歩も達成感も得られないと思います。

## （２）会社全体及び経理部門の中期計画を踏まえた構造改革型業務

税務担当といえども企業そして経理部門の一員ですから、日々目先のルーティン業務を受け身でこなしているだけでは企業・部門の期待に応えることはできません。やはり、企業・部門の中期経営計画を踏まえた構造改革型業務に取り組み、企業体質を強化し企業価値を向上させる活動に参画していくことが求められます。

近年その重要性が高まっているテーマとして、税務に関するコーポレートガバナンスの充実に向けた取組が掲げられます。会社の事例を紹介しますと、２０１３～２０１４（平成25～26）年において、全国で十数社程度と言われた第一号「納税優良法人」の一社として認定を受けることが叶っています。「税務に関するコーポレートガバナンス確認表」では、トップマネジメントの関与・指導の実施状況、税務処理手続の整備状況、社内への税務周知の実施状況の3項目について、高い評価をいただいたものと理解しています。優良認定の通知にあたり、当時の東京国税局調査第一部長が来社され、トップマネジメントと面談が行われています。通常は会社側が当局を訪問するところですので、会社始まって以来の大変名誉な出来事でした。

納税優良法人認定前は、隔年で税務調査が実施されていました。かなり古い話ですが１９９６（平成８）年から１９９９（平成11）年は４年連続で調査が入った経験もあります。12月決算法人の場合、確定申告書を提出するのが３月末であることもあって、１９９７（平成９）年までは４～６月の第三着手での調査が実施されていましたが、１９９８（平成10）年以降は７～12月の第一着手調査法人に変更されていますので、半年間の税務調査に対応する会社側の負担というのは相当重いものがあります。おかげさまで、納税優良法人認定以後は、２年間調査省略・３年に一度の調査頻度となりましたので大変助かっています。ちなみに、コロナ禍の影響等もあり２０１８（平成30）年、２０１９（令和元）年、２０２０（令和２）年は私の記憶の限りでは過去40年の中で初めて３年続けて調査が省略されています。これらの期間は、国際課税制度におけるＢＥＰＳプロジェクトや連結納税制度からグループ通算制度への移行への対応に追われていた時期と重なりますので、税務調査が省略されることで浮いた時間をこれらの構造改革的な業務に充てることができ、大変有効に作用いたしました。なお、現在はリスクベースアプローチにより良好判定と調査省略とは直接つながるものではなくなりましたが、良好判定の結果として、そうでない場合に比し、省略される可能性は高くなると聞いています。

## (3) 財務基盤の強化及び事業の成長・収益力強化に資する税コスト最適化の取組

前記に加え、営利追求団体である企業としては、適切な納税義務の履行に留まらず、合法的かつ正当な税コスト最適化の取組の重要性も高まっています。

### ① 日本社会及び企業にとって望ましい法人税（実効税率）の水準

現在の我が国日本における法人実効税率はほぼ30％ですが、これは比較的最近のことで、２０１６（平成28）年度及び２０１７（平成29）年度税制改正によって実現されたものです。それ以前を振り返れば、１９９８（平成10）年度の大改正で約40％に引き下げられるより前は、長い間約50％という今から思えば信じ難いほど高い実効税率が続いていました。１９９８（平成10）年度から２０１１（平成23）年度まで約40％が続き、２０１２（平成24）年に約35％、２０１５（平成27）年度に約32％、そしてご案内のとおり２０１６（平成28）年度改正で漸く30％台を僅かながらも切る水準を実現しました。

国際化が進展し、各国が法人税率の引下げを行っている中で、日本の法人実効税率が50％や

40%もの高水準となりますと、日本企業は著しく不利な状況に追い込まれ、国際競争力も低下しますので、日本の法人税率引下げは切実な課題となっていました。したがって、法人税率が僅かながらも30%台を切る水準にまで実現されたことは大変意義深く評価に値するものと言えます。

一方で、税率引下げ実現の過程で、課税ベースの拡大が合わせ技で実施されてきたことも忘れてはいけません。例えば、1998（平成10）年度の大改正では、賞与引当金が廃止され、減価償却について建物については定率法が認められなくなり定額法一本になりました。さらに税の実務家として非常にショックを受けたこととして、少額減価償却資産の金額基準が20万円から10万円に引き下げられたことが挙げられます。10万円以上20万円未満のゾーンについては3年間均等償却という非常に煩雑な実務が強いられることとなり、この取扱いはあれから四半世紀を経過した今日でも続いています。その後も、次に述べる2002（平成14）年度改正で連結納税制度が創設されるのにあわせて退職給与引当金も廃止されてしまいましたし、法人間の受取配当金について一般株式については益金不算入割合が50%に縮小されてしまったのです。これは明らかに法人間の二重課税問題を生じさせているわけです。続く2016（平成28）年度税制改正においては、地方税である事業税の外形標準課税割合を事業税全体の5／8まで引き上げ、その分所得課税の割合を引き下げることで2014（平成26）年度において約35%であった実効税率を２０１６（平成28）年度以後約30％を実現させています。また、欠損金の繰越控除期間を10年まで延長することが認められた一方では各事業年度の所得金額から控除（相殺）できる限度額は50／100まで縮小されています。このように、税率引下げ実現の一方では課税ベースの拡大という痛みを伴ったことも見逃すことはできません。期ズレ事項については長い目で見れば会計上の税引前当期利益と税務上の課税所得金額との差異は解消されることから、損金算入時期が遅れる形での課税ベースの拡大は、いずれ税率引下げのメリットのほうが上回ることになりますが、事業税の外形標準課税割合の引上げや、受取配当金益金不算入割合の引下げ等は、必ずしも税負担の軽減につながるとは言い切れません。

このように１９９８（平成10）年度や２０１６（平成28）年度の税制大改正をはじめ各年度における税制改正の検討過程においては、我が国日本における重い法人税負担を単純に引き下げてきたわけではなく、課税ベースの拡大による財源の確保や租税回避行為の防止のためのさまざまな方策が同時に大いに議論されてきたことを忘れてはいけないわけです。特に我々のように企業における税の実務を担当している者にとっては、全体から見ればやや細かくテクニカルなことかもしれませんが、実務対応の観点からの使い勝手の良否や実施可能性にも目配りしながら事に臨み、単に税負担軽減、税率引下げを主張しているわけではないことを強調したいと思います。

さて、日本社会及び企業にとって望ましい法人税（実効税率）の水準は何％なのか、このような一国の経済政策として極めて重要なテーマを、企業における一税務担当者が語るのは如何にも僭越で出過ぎたことではありますが、実務家の立場だからこそ言えることもあると思っています。以下でも述べますが、私見としては、概ね25％プラスマイナス数％程度の幅に収斂させることが望ましいと考えています。

一民間企業の利益の観点からは、法人税負担は少なければ少ないほど良いのかもしれませんが、そうは言っても、企業が果たすべき重要な社会的責務として適正な納税の履行があることも事実であり、企業は空港や港湾、鉄道、そして道路などさまざまな公共インフラを利用して事業を行っています。また国や地方自治体が定め運営する法律や制度があるからこそ、それに則って安心して各地で事業を遂行することができます。これらはすべてその国や地方自治体の税金で賄われていますので、企業市民として税金を納めるのは、基本的かつ重要な責任と言えます。

2012（平成24）年以降のBEPSプロジェクトも、根底には経済のグローバル化・デジタル化の進展に加えて、「底辺への競争」と呼ばれる各国の法人税率引下げの動きに一定の歯止めをかける必要があるとの問題意識から立ち上げられたものだと理解しています。BEPS2・0の第2の柱、グローバル・ミニマム課税の導入で世界約140ヵ国もの多数の国・地域が百年に一度と言われる歴史的な政治合意に至ったのがその証左であります。一度は19％まで法人税率を引き下げた英国も２０２３年４月から25％に戻し、オランダも約21％まで引き下げることとしていたのを撤回し現在は約25％、米国も21％まで引き下げた連邦法人税をバイデン政権は28％まで引き上げることを提案・検討しており、世界の潮流・潮目は変わりました。我が国日本においても、自由民主党・公明党が２０２３（令和５）年12月14日に公表した令和６（２０２４）年度税制改正大綱の中で、「ＯＥＣＤ／Ｇ20『ＢＥＰＳ包摂的枠組み』においてまとめられた『第２の柱』の取組が進み、世界の法人税の引下げに係る、いわゆる『底辺への競争』（Race to the Bottom）に一定の歯止めがかかるようになった中、賃上げや投資に消極的な企業に大胆な改革を促し、減税措置の実効性を高める観点からも、レベニュー・ニュートラルの観点からも、今後、法人税率の引上げも視野に入れた検討が必要である。」と言及がされました。もちろん、現在の日本の法人実効税率ほぼ30％というのは既に世界的に最も高いグループに位置していることから本気で法人税率の引上げを志向しているというよりは、企業による賃上げや投資の促進について期待を表した言葉であると解釈いたしますが、少なくとも法人税率引下げの方向感にはなく、むしろ今後の防衛力強化に係る財源確保も考えれば法人税に限らず税制全体として増税に向けた議論が戦わされることになるのではないでしょうか。

他方で、グローバル・ミニマム課税の基準税率（最低税率）が15％で国際社会が合意に至ったということで、多国籍企業が目指すべき実効税率の水準は15％ではないかという意見もあるようです。しかしながら、それはアグレッシブなタックスプランニングを得意とする欧米多国籍企業においてはそういう話もあり得るとしても、実効税率が約30％の日本国内に本店や主たる事業所を構える日系多国籍企業にはほとんど当てはまらないと考えます。また、日本国における外国子会社合算税制においては軽課税国判定に用いる租税負担割合は20％と定められており、一定の経済活動基準を満たさない外国子会社については会社単位の全部合算課税、満たしている場合でも一定の受動的所得に対する部分合算課税が行われることとされていることからも、15％どころか20％でさえターゲットにはなり難いのではないでしょうか。日本社会及び企業にとって望ましい法人税（実効税率）の水準は概ね25％プラスマイナス数％程度の幅、というのは以上に述べた世の中の動向及び我が国日本の税制の現状等を踏まえての私見であります。

### ② 連結納税制度の採用によるグループ一体経営の推進

グループ経営における税コスト最適化の取組に関する一例として挙げられるものとして、日本国内の税制に係るものとしては、２０１２（平成24）年以降連結納税制度（現在のグループ通算制度）を適用開始し、グループ税務統括機能の一層の強化を図ったことを挙げることができます。連結納税制度は２００２（平成14）年度税制改正により導入されていますが、その10

年経過後のこのタイミングで適用開始した理由は、２０１０（平成22）年度税制改正においてグループ法人税制が導入されたことで、連結納税制度を適用することによって得られるメリット（グループ内の損益通算や研究開発税制の税額控除限度額がグループ全体で算定されることによる控除上限の引上げ等）がデメリット（一定の欠損金持込制限や資産時価評価課税等）よりも明らかに大きくなることがわかり、換言すれば連結納税制度を採用しない理由がなくなったためです。グループとして連結納税制度を採用することに決めた具体的な目的は、「グループ税務コンプライアンスの強化」のために連結納税制度が役に立つという判断があります。連結納税制度においてはグループ全体を一つの納税主体とみなして親会社がグループを代表して申告・納税を行うため、必然的に「中央集権・一元化」が図られることになりますので、そこではグループとしての税務戦略の立案と実行を推進することが可能となり、最終的には税務コンプライアンスを土台としつつグループ全体での税コスト最適化による利益貢献を果たすことが目的となります。

### ③　連結納税制度からグループ通算制度への移行について

話は少し横道にそれますが、連結納税制度は、企業グループの一体性に着目し、企業グループをあたかも一つの法人であるかのように捉えて法人税を申告・納税するしくみでしたが、

2020（令和2）年度税制改正において連結納税制度の見直しが行われ、2022（令和4）年4月1日以後に開始する事業年度からはグループ通算制度に移行しています。新たな制度であるグループ通算制度は、完全支配関係にある企業グループ内の各法人を納税単位として、各法人が個別に法人税額の計算及び申告・納税を行い、その中で、損益通算や試験研究費の税額控除、外国税額控除についてグループ全体での調整を行う制度となりました。グループ全体での調整計算が行われるという点では連結納税制度における企業グループの一体性に着目した制度の趣旨は引き継がれていますが、企業グループ内の各法人がそれぞれ個別申告をするしくみに制度変更がされた点に関しては、前述のように、グループ全体を一つの納税主体とみなして親会社がグループを代表して申告・納税を行うことを通じて必然的に「中央集権・一元化」が図られるという連結納税制度における本質的で重要な性質は後退してしまったように感じています。

2019（令和元）年8月に政府税制調査会の連結納税制度に関する専門家会合から公表された報告書によれば、「現行制度は、子法人の税務情報を連結グループ内で集約し、一体として申告するとともに、各子法人の個別帰属額等を記載した書類を提出するという方式であることから、制度設計が複雑で納税者にとって理解が難しい場合もある上、グループ調整計算も行う必要がある。このため、法人間での連絡・調整も煩雑で、申告のための事務負担がかなり大きいとの指摘があり、例えば、連結グループ内の一法人が所得金額の計算を誤った場合、連結グループ内の全法人について再度調整計算を行う必要があるため、後発的に修更正事由が生じた場合の納税者及び課税庁の事務負担が過重になっている。この事務負担により、各企業のグループの事務処理能力の差が連結納税制度の選択に影響を与え、同様の経営を行っている企業グループ間での課税の中立性・公平性が少なからず損なわれていることが指摘されている。したがって、企業における事務負担の軽減の要請や、課税庁の事務負担の増加等に対応するためにも、制度の簡素化を図る必要がある。」と、制度移行の必要性について説明がされています。

しかしながら、企業において実際にグループ通算制度に基づく申告事務を行っている立場からすると、例えば、グループ内の一社で欠損金が生じた場合、その欠損金が按分されたうえで各個社の法人税等の金額が減少し、個別申告するというのは、各社にとってはグループ内ではありますが、他社のおかげで自社の法人税額が変わってくるという点でわかり難く、また、個社の税引後当期純利益の額にも影響が生じかえって複雑・難解なものになってしまったものだと受けとめています。特にその欠損金を各社の所得金額に応じてプロラタ方式で配分するというのは、連結納税制度に比べ事務が煩雑であり、また最終的には通算税効果額の授受を通じて精算しませんと、各社の税引前当期純利益の金額と法人税等の額との対応関係（実効税率）が不整合となりますので、税務上は通算税効果額の授受は任意とされていますが、正しい個社決算という公正妥当な会計基準の観点からは必須と考えられること等から、わざわざ面倒なしくみにされたようで、この点に関しては連結納税制度のほうがわかりやすかったと言えます。

前出の「連結グループ内の一法人が所得金額の計算を誤った場合、連結グループ内の全法人について再度調整計算を行う必要があるため、後発的に修更正事由が生じた場合の納税者及び課税庁の事務負担が過重になっている」については確かにそのとおりですが、修更正の遮断については、連結納税制度の枠組みを維持しながらでも対応する手立て・案を考えることはできたのではないでしょうか。

連結ベースでの税コスト最適化に取り組むうえで、このような企業グループの一体性に着目した制度の活用は大変重要なものでありますので、新制度のグループ通算制度については多くの企業にとって使い勝手の良い文字どおり簡素で事務負担軽減につながる良い制度にすべく引き続き見直していくことを要望します。

### ④ 国際課税の課題への適切な対応を通じた税の安定性確保

海外グループ会社を含めた国際課税の分野では、1987（昭和62）年に、経営会議直轄の事業部門横断的組織である委員会の中に設置された複数のワーキング・グループの一つとして、国際課税の課題に取り組むチームも設置し、これまで4つのグループ・ガイドラインを発行し周知しています。これらの国際課税に関するガイドライン策定の主目的はコンプライアンスを通じた課税リスクの低減にありますが、その効果として二重課税や不本意なペナルティを受けずに済むことを通じた税コストの最適化にも寄与します。税コスト最適化というと、欧米多国籍企業が行っているアグレッシブなタックスプランニングの実行による租税回避行為を思い浮かべるかもしれませんが、我々多くの日本企業においては、税務コンプライアンスの徹底を土台として、各種税制上の優遇措置等を活用しつつ、一方では二重課税やペナルティなど無駄な税負担を強いられないように適正な納税を行うことが税コスト最適化の目指すところであると心得ています。

前述のとおり、現在の我が国日本における法人実効税率はほぼ30％と世界的に見ると高い水準にありますが、今日多くの日本企業はグローバルに事業展開を行っており、日本以外のほとんどの国の実効税率は25％前後となっていることから、海外子会社を含んだ連結決算ベースでの実効税率については無理してアグレッシブなタックスプランニングを行わなくても、事業展開を行っている各国で相応に収益を上げしっかりとその国の法人税を適正に納めていれば、概ね25％プラスマイナス数％程度の幅に収斂させることは可能です。むしろ、欧米多国籍企業がアグレッシブなタックスプランニングを行って連結ベースで10％台と極めて低い水準まで税負担の極小化を図ったことが、２０１２（平成24）年以降ＯＥＣＤを中心に国際社会がＢＥＰＳ

プロジェクトを立ち上げ国際課税ルールの抜本的見直しを行わざるを得なくなった原因となったことを考えれば、日本企業が進むべき道は、コンプライアンス重視をベースに、各国の税優遇策を適切に活用しつつ、二重課税やペナルティなどの無駄な税負担を招かない方向にあると考えます。

## （4）国際社会における税制改革等に対応したプロジェクト型業務

グローバル化が進展する今日では、税制も一国で完結できる時代ではなくなり、世界約140ヵ国・地域から成る国際社会（OECD／G20の包摂的枠組み）が各国の課税権を調整、国際間の二重課税や二重非課税を防止し、かつ実際に経済活動を行い価値創造している場所と納税の場所を一致させるための新たな国際課税ルールを策定し実施していくBEPSプロジェクトが推進されています。BEPSプロジェクトで国際社会が合意した新たなルールや既存ルールの見直しは、我が国における国内税法の改正手続を経て実施されることになります。

このような大規模で長期間に及ぶ大プロジェクトへ適切に対応していくためには、企業の税務担当も事後的に決定されたルールにただ従う構えでは十分に対応することはできませんし、企業としての対応策の立案・決定・実施において、競合他社に後れを取り企業の競争力低下につながるリスクが高まってしまいます。

前記（３）①で述べましたように、大多数の日本企業は欧米多国籍企業と異なり、アグレッシブなタックスプランニングによる租税回避行動は行っていないと認識していますが、一方ではＢＥＰＳプロジェクト等のような国際社会における世界共通の国際課税ルールの策定及び既存ルールの見直しの効果は、当然のことながら国境を越えてグローバルに事業展開している日本企業も影響を受けることになります。したがって、これらの動きに対しては、事後的に実務対応策を講じる受け身の姿勢ではなく、日本企業も国際社会の一員、当事者として、ルール案の検討段階から積極的に意見発信に努め、ルール・メイキングに関与していくことが重要です。我が国日本の国内税法の改正段階からの関与では、その上流のＯＥＣＤ／Ｇ20の包摂的枠組みにおいてルールの大筋は決定済みであり、時既に遅しです。せいぜい取扱いが不明確で解釈の余地が残されている細部での注文を付けるくらいしかできません。

具体的に、国際社会及び我が国日本における制度改革にどのように関与すればよいかについては、この後**第８章**でも述べますが、各社が個別に働きかけるのは現実的ではありませんので、会社が会員として加盟している業種別業界団体、日本経済団体連合会等を通じて要望していくことが有効です。これらの団体での検討・議論に委員として積極的に参画し、団体内での存在感を高めることで自分が所属する会社の要望を団体としての提言に反映させることが大切だろうと思います。

コラム　**税務担当が常日頃から留意すべき８ヵ条の心得 ③**

## 税務部門における年度重要テーマは計画的・組織的に実施すること

企業においては、事業年度ごとに会社全体及び自部門における年度目標・重点施策を策定し、１年間を通じて計画的かつ組織的にこれらの達成に向けて実行、進捗させる必要がある。ところが、税務部門においては事業年度の最初の月に前年度の決算業務、そしてその２～３ヵ月は確定申告業務に追われることから、往々にして実際に新年度の計画を実行に移すのは４ヵ月目以降となってしまいがちである。一般職の課員においては、決算及び確定申告業務を最優先に時間とパワーを投入することは当然であり、それはある意味では管理職においても同様ではある。しかしながら、管理職は常に年間計画を念頭において、年度当初の数ヵ月においても可能な限り重点施策を進捗させることが肝要である。特に年間計画を具体的な行動計画として具現化し、せめてスケジュール及びマイルストーンを早期に確定させておかないと、いざ４ヵ月目に入ったときに実行することができない。このような段階に至ってから具体的な行動計画の策定に着手するようではあっという間に夏期長期連休を迎え、中間決算業務と続き、年度後半になり慌てて成果を出そうとしてじたばたすることになりかねない。決算直前に解決策等を定めたのでは、翌事業年度当初からの適用は、予算への織り込みを含め事実上間に合わない。このような状況で税務調査が入ってくるようなことになると、ほとんど部門としての年度目標、重点施策について成果をアウトプットすることはできないまま、次年度以降へと課題解決を先送りする悪循環が繰り返されることとなる。年度当初の仕込みを怠らないことが肝要である。

# 第4章

# 事業部門及びその他の関連部門と税務部門との関係性

## （1）事業部門等の意思を尊重し理解したうえでの税務コンプライアンス

事業部門が新たなビジネスモデル（他社との戦略的提携、M&A等）を採用したり、既存のビジネスモデル（物流・商流・サプライチェーン等）を見直すことは珍しいことではありません。このようなビジネス上の重要な意思決定を行う際には、税務面からの検討も行うことになりますが、留意しなければならないのは、主役は事業部門であり税務は脇役・裏方ですので、事業部門がやろうとしていることを邪魔するような言動は控えるべきです。可能な限り事業部門の意思を尊重し、それを税務面からも問題にならないようにリスクの最小化を図り、実現できるようにサポートすべく努めなければなりません。

一方で、租税法律主義の下、決められたルールを乗り越えることが困難な場面は当然にあり、場合によっては税務上譲ることのできない一線を守らなければならないときもあります。

この両者の狭間で企業の税務担当は両睨みで解決策を模索・探求することになりますが、この見極めがとても重要です。あるビジネス上の意思決定が結果として税務当局から租税回避行為とみなされ更正処分を受け、世間からも批判を招くような結末となってしまったのでは、元も子もありません。事業部門等の意思を最大限尊重したうえで、ダメなものはダメと見切り、他に代替策を検討することが必要な場合もあり得ます。

## （2）移転価格税制等事業の価格戦略に影響を及ぼす事項への対応

税制の三原則の一つに「中立」がありますが、現実社会においては税制が意思決定や行動に影響を及ぼす場面があるのも事実です。とりわけ移転価格税制等の国際課税においては企業が適切なコンプライアンス対応をとりませんと、国境を越えたグループ会社間取引によって、同一所得に対する国際間の二重課税を招くおそれがあり、連結決算ベースで過重な税負担を強いられることになりかねません。

自社製品やサービスの販売価格の設定は、本来事業部門自らが決定すべき専管事項ですが、グループ会社間の取引価格については、移転価格税制等の国際課税ルールに準拠することが求められます。このような場合には、企業の税務担当が事業の実態を理解したうえで事業部門に国際課税ルールに則ったグループ会社間取引価格の設定等に関して適切に関与していくことが必要です。グループ会社以外の第三者との間で取引される製品やサービスの価格は、市場原理に基づいて、売り手と買い手との交渉によって決定され、これは文字どおり独立企業間価格（ALP）ですので、基本的には税務担当が関与する話ではありません。一方、グループ会社間取引において設定される価格については、概念的には資本関係のない第三者との独立企業間価格によることとされていますが、この概念を実務に落とし込んで実行するためには、具体的なグループ会社間取引価格の設定ガイドラインを策定し、事業部門等と税務部門とが連携を図って対応する必要があります。

会社では、1986（昭和61）年度税制改正により日本において移転価格税制が導入されたのを機に、1990（平成2）年に「移転価格税制対応ガイドライン（販売価格編）」を策定、2002（平成14）年に「移転価格税制対応ガイドライン（生産会社編）」を策定し、経営会議での機関決定を経て、関係部門に周知徹底を図りました。これらの会社グループ内の移転価格税制対応ガイドラインは、基本的にはOECD移転価格ガイドラインに準拠した内容となっていますが、税制に馴染みの薄い事業部門の人達にも理解しやすいよう、会社の事業運営の実態を反映した内容に編集しています。

業界団体等で意見交換をさせていただくと、企業によっては税務に関する明文化された社内ルールが作成されていなかったり、作成はされていても内容が乏しい等の不満や悩みを抱えているところもあるようです。税制は国が定める法令規則、通達並びに国際機関が策定しているガイドライン等に基づいて実施されているとはいえ、日常の業務において経理・税務部門以外の事業部門等関係部門の人達がこのような法令やガイドライン等に接する機会はほとんどありませんし、仮に読もうと思ったとしても専門用語が溢れた文章の内容を理解することは極めて困難でしょうから、やはり税務部門が中心となって、会社の実態を反映した社内ルールを策定し、関係部門に周知徹底を図ることが必要です。

その昔１９８０年代後半から１９９０年代前半にかけて日米間の移転価格課税問題が大きな社会問題になったとき、アメリカから弁護士、会計士、エコノミスト等が来日し、多数の日本企業の税務担当者を集め大きな会場で移転価格税制セミナーが頻繁に開催されていましたが、その中でアメリカ人講師が発言されていた名ゼリフとして、「移転価格は厳密なサイエンスではなくむしろアートである」というのがありました。今でもこのフレーズは大変良く覚えており、確かにそのとおりだと思う場面にしばしば遭遇します。そうであればこそ、ＯＥＣＤガイドラインや法令等に従っていればよいというような受け身の対応ではなく、会社自ら自社の事業運営の実態に即した会社グループ内のガイドラインを策定し実践していく能動的な取組が重要であると考えます。

## （3）税務マインドの啓蒙活動

事業部門等関係部門から、税務コンプライアンスの取組に関して理解、協力を得るには、経理・税務部門からさまざまなしかけを用意し、働きかけることが望まれます。

大きく二つのアプローチがあり、一つは国等が定めた法令規則・通達等を、社内の実情に合った形でわかりやすく社内向けに策定したルール類の提示。二つは階層別及び部門別に実施する税務研修・会議等を通じたコミュニケーションがあります。

会社では、第一のアプローチとして、フォーマルな会社規程としての経理規程及びその細則の他に、その時々の課題への対応策を「経理部門長通達」という形で文書化した社内ルールを1978（昭和53）年以降順次発行し始めたのを手始めに、1988（昭和63）年以降、「国際税務ガイドライン（外国子会社合算税制、移転価格税制、PE課税）」、1996（平成8）年以降「マネジメントガイドブック経理編」を発行・更新しています。

第二のアプローチとしては、1987（昭和62）年に経営会議直轄の部門横断的組織である委員会を発足し、その委員会において国際税務への対応に必要な情報収集、分析、ガイドラインの策定、関係部門への周知を行っています。２００１（平成13）年からは、全社階層別人事研修において、新任部長、新任課長向けの経理研修に加えて、新任課長代理向けに税務に特化した研修をスタートし今日に至っています。階層別研修のみならず、全社の関係部門向けに税務専門研修も開講し周知対象を幅広に設けています。さらには、２０１０（平成22）年以降はグループ会社で新たに社長に就任された人達を対象とする研修も開講し税務に関する留意事項について理解をいただいています。

以上の他、毎年度の重要な税制改正事項に関しては会社としての対応方針・方法等について関係部門向けに説明会を開催しています。また、税務調査の実施年度においては、事前説明会及び反省会並びに指摘事項への改善対応策の策定・説明会を、全社向けの集合形式に加え、必要に応じて部門ごとの状況に合致するテーマに絞って個別に開催する等、できるだけ多くの機会を捉えて周知・徹底を図っています。全社向け集合形式での説明会ですと、どうしても我々税務部門からの一方的な報告の場になりがちで、関係部門から出席した人達からの質問や意見等はその場では出にくいことから、部門ごとの状況に合わせた個別会議も開催し、形式的な場にとどめず、実質的な意見交換等を行うことで、部門ごと・担当者ごとにばらつく知識レベルや理解度に応じた実情に沿ったピンポイントでの改善対応を図ることができます。このレベルの違いは、関係部門側だけではなく税務部門側にもありますので、各部門との直接対話を通じて税務担当者も当該部門の実情を知り現場感覚を学ぶことができとても有効です。会社の中は、縦の事業部門（製品事業部門）と横の機能別組織（研究開発、生産、販売、調達、施設、ロジスティクス、知財、ＩＴ等々）がマトリックスの関係で構成されており、各々の部門固有の事情や課題を有していますので、そのすべてを税務担当が把握することは至難ですが、こうした税務調査反省会等の場を通じてこれらの現場部門の情報を知ることができるというのは、我々税務担当者にとっても貴重な場です。

コラム　税務担当が常日頃から留意すべき８ヵ条の心得 ④

## 社内ルール等の策定に際してはその背景及び趣旨を明確にしておくこと

日々新たな事象に遭遇することの多い企業実務において、公正妥当な判断に基づく対応を行うためには、歴代の先人・諸先輩各位が作成・整備されてきた、会社規程、細則、部門長通達で定められているルールについて、そこに表記されている文言のみならず、その行間に潜む背景・趣旨を勘案のうえ、直面している課題への対応策を判断することが必要。日々遭遇する新たな疑問に網羅的に答えてくれる完璧なルールを期待することは不可能であるばかりでなく、付け焼刃的に個別事象に答えるルールをその都度乱立させることは、全体としてみたときの整合性を保てなくなり混乱を引き起こす懸念が生じる。

もちろん、既存のルール及びその趣旨に基づく解釈だけで新たな疑問に対する答えを得られないものについては、新たなルールを策定することが必要な場面も確かにある。その場合には、既存のルールとの関連付けに留意し、その新たなルール化に迫られた背景及び趣旨を後進が読み取れるように記録することが重要である。

# 第5章

# 経理部門の一員としての税務担当

## （1）キャッシュフロー経営の実践による財務基盤の強化

経理部門全体のミッションは、キャッシュフロー経営の実践を通じて財務基盤を強化することにあります。税務担当は、まさに法人税等の納税というキャッシュアウトにまつわる業務に携わっていますので、単に法令に従い正しい税額の算出と納税を行っていれば良いというものでもありません。むしろ経理部門の一員として全社のキャッシュフローの最適化の実現に向けて、税務の視点から能動的に関与していくことが必要です。

例えば、各国の産業政策によって一定の設備投資や研究開発活動を促進するための税制優遇策が措置されている場合には、これらの減税措置の適用を受けられるよう、経営管理部門や事業部門等に積極的に働きかけ、実際の企業行動とリンクさせていくことが求められます。

また、既に述べたように、現在の日本の法人実効税率約30％はかつての50％や40％に比べれば随分低くなってきましたが、主要な諸外国を観ればまだまだ高い水準にあります。アメリカ（約27％）、イギリス（25％）、フランス（25％）、イタリア（24％）よりも高くドイツ（約30％）とほぼ同じ。そのドイツも今後法人減税を行うこととされており、そうなるとＧ７の中で日本が最も高税率国だということになります。一方、現在の日本企業は日本国内のみで事業を行っているわけではなく、世界各国で開発・生産・販売等のさまざまな活動をグループで営んでいますから、これら各国のグループ会社がそれぞれに果たす機能と負担するリスクに応じた適正な収益・利益を獲得すればグループ全体としての法人実効税率を25％プラスマイナス数％程度の幅の中で最適化を図ることは特別アグレッシブなタックスプランニングを行わなくても十分に達成可能です。

したがって、税務面からキャッシュフロー経営に貢献していくためには、税務コンプライアンスの徹底を通じて、税務調査等による国際的二重課税やペナルティ課税を受けないようにすることが重要です。二重課税の排除という意味では各国間で締結されている租税条約やＯＥＣＤ／Ｇ20の包摂的枠組みによる税に関する国際的な合意事項を適切に活用、遵守していくことも大切です。

## (2) 税引後当期純利益を決定する法人税額等の重要性

損益計算書のボトムラインである当期純利益の額はその上の税引前当期純利益から法人税等

の金額を控除した残額です。通常、多くの日本企業が業績管理指標として重要視しているのは税引前当期純利益ですが、本当の意味での純利益は税引後の利益ですから、最後の控除項目である法人税額等を最適化することはとても重要です。

## (3) 経理情報の共有・有効活用による業務効率化

前述のとおり、法人税等の金額は、基本的には税引前当期純利益の額を基礎として一定の税務調整を行った課税所得金額に税率を乗じて算出いたしますので、その算出のために必要な基礎情報は会計帳簿を中心とする経理システム及び経理システムにリンクする各関連業務システムの中に存在しているのが一般的です。もちろんこれらのシステムとは別個に構築している税務情報システムもありますが、この税務情報システムに取り込むデータの主要なものは経理システム等から成っていますので、これらの経理情報を共有し有効活用することにより業務の効率化を図ることが有効です。

コラム　税務担当が常日頃から留意すべき８ヵ条の心得 ⑤

## 経理部門の一員としての税務担当であることに留意

税務部門のみで完結可能な仕事はほとんどない。何かのきっかけで他部門やグループ会社から税務部門に相談や情報のインプットが入ったときには、そのサブジェクトが予算、会計、資金、内部統制等、経理の各要素全般にどのような影響を及ぼすことになるのか常に念頭に置いて、全体最適による解決策を導き出すよう意識し行動することが肝要である。特に経営の意思決定に関わる案件については、各部門と密に連携のうえCFOへ報告・相談を上げることが肝要で、くれぐれも税務担当が税務視点からのみの判断で行動するようなことのないよう留意すること。

# 第6章

# グローバル化の進展に伴う税務担当のあり方の変容

## （1）国境を越えた事業活動に係る国際的二重課税の排除

１９６３（昭和38）年にＯＥＣＤにおいて「ＰＥなければ課税なし」を原則とするモデル租税条約が制定されましたが、日本では１９５５（昭和30）年の日米租税条約締結以後順次主要国との条約ネットワークが構築されています。米国では早くも１９６８（昭和43）年に移転価格税制に関する規則が整備され、日本でも１９８６（昭和61）年度税制改正により移転価格税制が導入されています。また日本の外国子会社合算税制（タックスヘイブン対策税制）も、移転価格税制に先立って１９７８（昭和53）年度税制改正により導入されました。

このように国際課税制度が整備される中で、国境を越えて事業活動を展開する多国籍企業グループは、国際的二重課税を防止・排除することが大変重要な仕事となりました。

## (2) 無形資産取引の増大から生じる国家間の税務紛争への対応

米国で1986（昭和61）年に移転価格税制に所得相応性基準（スーパー・ロイヤルティ条項）が導入されたことをはじめとして、近年においては国際課税において無形資産取引から生じる超過利益の帰属を巡る国家間の紛争が増大しています。

1990年代以降、日本企業（製造業）による海外生産子会社の設立が急増し、会社全体における海外生産比率が高まるにつれて、これらの海外生産子会社が獲得すべき利益水準はどの程度が適正なのか、現地子会社所在国側ではもちろんのこと親会社所在国の日本側にとっても重要な検討課題となりました。当該製品に係る研究開発、生産、販売等、事業全体を通じて得られる利益の中に通常のルーティン利益を上回る超過利益が含まれるような場合において、その超過利益をグループのどの国にどれだけ帰属させるのが適正なのかが問題となりました。また、各グループ会社間に適正な利益を帰属させるための方法論の検討に頭を悩ませることになりました。

とりわけ、日本企業が海外生産拠点として多数進出していったアジア諸国においては、進出当初は企業誘致のために法人税の免税や大幅な税率軽減等の税制優遇措置が講じられ歓迎ムードであったものが、２０００年代後半以降その流れに変化が現れ、これらの国々が移転価格税制の執行を強化し、現地子会社に対して高い利益を求める動きが活発化してきました。アジア各国で生産活動を行っているグループ会社に対して、各国税務当局から移転価格税制に基づく税務調査実施の通知が入り、グループ各社においてはその対応に苦慮することになりましたが、各社任せにしていては適切な対応はとれないことから、日本親会社の税務部門も積極的に関与することになりました。

当時私も頻繁にアジア諸国に出張し、各国税務当局との会議においてグループ会社の正当性について、各社の責任者とともに説明し、当局の主張に対する反論・説得にも努めました。各地の税務当局との会議に日本親会社の税務担当が臨場したことについては、その場においては、遥々遠方の日本本社から会議参加のために出張してきたことについて各税務当局担当官も謝意を表し丁重に対応いただくことができたと感じています。

これらの海外生産子会社が所在する各国税務当局の関心事は、グループ全体の連結決算ベースの業績、利益率は相当高いことに比べ、各生産子会社が獲得している利益率は低い、つまり超過利益が日本親会社に過度に集中しているのはおかしいのではないかという点にありました。我々会社側の見解は、生産子会社の機能は簡素で負担するリスクも低い単純受託生産会社であるから、移転価格の算定方法はTNMMが最適であるとする一方、税務当局側は、生産子会社は日本親会社の事業部門と密接不可分の一体運営がされており単純受託生産会社の機能を上回る貢献を果たしていると認められることから、グループ全体で獲得している超過利益の一部についても生産子会社に応分に割り当てられるべき、即ち利益分割法を適用するのが合理的であると、両者の見解は対立していました。

当時これらの対応に懸命に取り組んでいましたが、私自身途中何度ももう駄目だと窮地に追い込まれました。このような苦しい状況にあって心の支えになりましたのは、トップマネジメントCFOからの「我々は何も悪いことはしていない。正々堂々と最後の最後まで粘り強く、もうあとは命を差し出すより他に道は残されていないというような、まさにぎりぎりのところまでは諦めるな！　勇気と情熱をもって、主張すべきは主張しよう！」との叱咤激励、励ましの言葉です。最終的には、日本国税庁と相手国との政府間の相互協議による事態の解決を要請し収拾を図ることができました。

いずれにしても、問題の根本には、無形資産取引から生じる超過利益の帰属を巡る国家間の紛争があり、これは単に移転価格の算定方法やロイヤルティ料率をどう設定するかという専門的・テクニカルな話にとどまらず、グループ経営においてグループを構成する各社に帰属させるべき適正な利益をどのような考え方に基づいて決定するかの移転価格税制に係る本質的課題が存在しています。

## （3）経済のデジタル化に伴う課税上の課題を解決する新たな国際課税制度への対応

２０１２（平成24）年にＯＥＣＤで立ち上げられたＢＥＰＳプロジェクトでは、実際に事業活動を行い価値の創造をしている場所と納税の場所が不一致となることから生じる国際間の二重非課税（どこの国でも課税されない）の状況を解決すべく全15項目からなる行動計画が公表され、現在Ｇ20を含む世界約１４０ヵ国・地域により政治的・歴史的な合意に至っています。

基本的には過度な租税回避行為を行っていない多くの日本企業においても、これらＢＥＰＳプロジェクトへの対応を余儀なくされています。なかでも、ＢＥＰＳ行動計画１、経済のデジタル化に伴う課税上の課題に対する二本柱からなる解決策への対応については、前述の無形資産が生み出す超過利益の帰属の問題とも絡み、大変複雑かつ難解で多大な事務負担増を招く大事になっています。

**第2章（5）**②の「国際税務に関する海外グループ会社との役割分担」で述べましたが、今日数十ヵ国以上で数百社以上のグループ会社展開をしている多国籍企業においては、ＢＥＰＳ

プロジェクトのようなグローバルな国際税務課題に対して、最終親会社の経理部門に属する限られたリソースしか有していない税務部門のみで適切に対処することは不可能でありますから、グループにおいて各地域もしくは各事業を束ね統括する機能を担う会社と親会社との間で役割分担を行って事に当たることが肝要です。

## （4）企業経営の論理と課税権を行使する主権国家の論理との狭間をつなぐ税務担当の役割

元来企業経営の論理では、企業は経済合理性に基づき意思決定を行い、収益・利益の最適化を追求しますので、そのために国境を越えてグローバルに事業活動を行います。一方、主権国家の論理では、国境によって他国と区別された領土内において、個人及び法人に対する課税権も含めて統治を行うことから、企業経営においても所在地及び国境による制約が課せられます。要するに企業経営の論理と主権国家の論理は異なります。

企業で税務に携わる税務担当・税務部門はこの両者の論理の違いの狭間で上手く折り合いを付けて、主権国家が定める法令等に抵触しない範囲で、経済合理性に基づいた最適化を追求し行動することが求められます。ここで留意すべきこととして、企業経営者の理解・認識において、税に関する法令はその他の法令に比べて一層専門的かつ難解なこともあり、企業経営における意思決定・判断に際して十分な検討がされず、税に関する手続や処理に関しては専門家に任せておけばよいものだというような受けとめ方がされていることも珍しくない場合があることです。確かに、通常の国内税務は、多くの場合、会計帳簿・経理データに基づいて確定申告書の作成を税の専門家が行えば間違いのない申告・納税義務の履行はできると思います。一方、移転価格税制や外国子会社合算税制、ＰＥ課税等の国際税務においては、課税所得金額や税額などの算定の前提となる取引自体が税制上妥当なものかどうかが問われますので、企業経営における意思決定・判断に際して税務上の妥当性についても十分に検討することが必要です。国内取引においても、研究開発税制や設備投資減税、賃上げ税制等の政策税制への対応、及び寄付金・交際費認定に関連する取引等においても同様のことが言えます。

コラム　**税務担当が常日頃から留意すべき８ヵ条の心得 ⑥**

## 移転価格調査等への対応にあたっては経営トップの立場で考えること

グループ会社に移転価格税制等の税務調査が実施される場合において、税務調査終結に向けてグループ会社が当局と交渉し、当初更正予定額よりも少ない金額へ減額させることができそうだが、その場合には租税条約に基づく二重課税排除のための政府間相互協議（MAP）の申立はしないことが条件とされる。その案でまとめて良いかと親会社税務部門が相談を受け、如何に回答すべきか悩む場面がある。このような場面では、税務部門の管理職としては、もし自分がCFOであればどのように判断するかと一段も二段も高い立場で考えることが肝要である。

これまで会社が経験してきた多くの事案においては、安易に妥協することは許されず、会社らしくやれることはすべてやり尽くし、最大限努力してもなお事態を解決することができないところまで追い込まれた場合にはやむなしとしてきた経緯がある。とりわけ移転価格問題はグループ内で二重課税が生じることから、納税者救済手段である取引両政府局間の相互協議申立の権利は特段の理由がない限り最後まで放棄すべきではない。

# 第7章

# 外部専門家及びその他の関係者とのかかわり方

## （1）国税出身の税理士・税務顧問への委任

古くから2000年代初頭までは、国税局からの国税OB税理士の斡旋が行われていたこともあり、多くの企業において国税OBを税務顧問として受け入れていました。国税局もしくは税務署内で相当に高い幹部のポストまで勤め上げられた先生方は税務に関する高い専門知識も有し、かつ国税局等の執行の状況等もよくご存知ですので、斡旋によるとはいえ、企業としてもそのような豊富な知見と経験を有しておられる方々に税務顧問をお引き受けいただくことはありがたいことでもありました。

国税OB税理士には、税務調査への立会い及び各種税務相談に乗っていただくことで、大変助けられました。

税務当局が退職する職員を企業の税務顧問（税理士）として斡旋するのは実質的な天下りとして批判的な見方が高まり、2010（平成22）年以降、国税OB税理士の斡旋制度は廃止されましたが、会社にとりましては、税務に関する知識やノウハウを蓄えてこられた有能なスペシャリストを顧問にお迎えし、ご助言・ご指導をいただくことのニーズは実際にありますので、国税局による斡旋がなくなった現在でも、人数は必要最小限ですが、引き続き国税ＯＢの税理士に顧問をお願いしています。

天下り云々というような下世話な話ではなく、我々民間企業で税務担当として働いている者にとって、国税ＯＢ税理士ならではの、経験と知恵に助けられる機会は多く、例えば、税務調査の場面で国税調査官の指摘内容と会社側の見解が異なるときに、国税ＯＢ税理士が両者の間を仲介し、どちらの言い分に理があるのかご判断いただき、一件落着となることも珍しくありません。これはその昔言われていたような国税調査官が先輩である国税ＯＢ税理士の顔を立ててさじ加減を甘くするというような時代錯誤な話ではなく、まさに長年国税職員として仕事を通じて培われた知識・経験を踏まえ、客観的と言えるかどうかは別としても、互いが納得できるところに結論を導ける眼力を有しておられるからであると思います。

私の経験としても、実際に国税ＯＢ税理士が国税調査官とディスカッションしているご様子を見聞きできたことで、国税調査官に対する接し方のコツのようなものを学ぶことができました。いずれにしても、今日においては、当然のことながら能力本位・人物本位であり、かつて社会問題にもなったような不純な関係は全くなく、良い意味での橋渡し役としてのご活躍を期待しています。

## （2）大手税理士法人への委託

１９８０年代後半以降、移転価格税制等の国際課税問題が日本のみならず多くの外国においても導入され執行が強化されてきますと、日本の国税ＯＢ税理士のみでは十分に対応することが困難となり、ビッグ４をはじめとする大手税理士法人及びその海外ネットワークを活用する必要性に迫られました。

とりわけ、移転価格税制における相互協議の中立や事前確認制度（ＡＰＡ）の申請など、企業内の税務担当が未だ知識・経験をほとんど有していない段階では、これらの手続をほぼ丸投げで外部専門家に委託せざるを得ないこともやむを得ません。しかし、外部専門家の仕事の内容や進め方等のノウハウを学ぶにつれて企業内の税務部門・担当自らこれらの手続を実施することができるようになりますし、またそうしないといつまでも外部委託に頼らざるを得ず、当事者・主役としての意思を発揮し、課題に対して自ら解決を目指す方向へと導いていくことは困難となってしまいます。

そこで、少なくとも自国日本側での国税庁・国税局への対応に関しては外部専門家のサポートは仰ぎつつも自社自身が前面に立って説明及び要望等対応するように心掛けることが重要です。海外においては言葉の壁もあり外部専門家に表に立って交渉いただくことが必要な場合が多いとは思いますが、それでも内容面に関しては企業側では親会社が主導権をとり自社の意思を十分に反映させてグリップを利かせることが大切です。多くの国・地域でグループ経営展開している多国籍企業においては、親会社がグループ全体としての方針及びルールを主導的に策定し、グループ会社に周知し足並みを揃えて事に当たる必要がありますので、各国・地域所在の子会社任せ、外部専門家任せでは、一貫性を保った適切な対応が難しくなります。そういった意味で、外部専門家の活用は極力必要最小限に抑え、可能な限り内製化を進めることが望ましいと言えます。

その一方で、近年のＢＥＰＳプロジェクト及び経済のデジタル化に伴う課税上の課題への対応等については、限られた社内リソースも考慮し、外部専門家からのサポートをお願いすることの必要性が再び高まっているとも考えているところです。この約10年くらいでしょうか、ＯＥＣＤ／Ｇ20の包摂的枠組みによるＢＥＰＳプロジェクト立ち上げの影響が大きいようにも感じますが、ビッグ４をはじめとする大手税理士法人に国税ＯＢがパートナーやディレクター等の幹部職員として転職・入所される例が増えており、国税ＯＢ以外の生え抜きの幹部職員とともに、プロフェッショナルサービス体制を強化していることに注目が集まっています。国税

ＯＢならではの最新事情の収集と分析を通じて、生え抜きの幹部職員とともに民間企業からの相談に対する適切な助言や課題解決に向けての組織を挙げてのコンサルテーションに力を入れられている様子は、民間企業のリソースのみでは対応困難な状況を踏まえるととても心強く頼り甲斐があります。とりわけＢＥＰＳ対応の観点からは、新国際課税ルールが多国籍企業に求めている複雑難解で膨大なコンプライアンス対応、例えばＣｂＣＲ（国別報告書：Country by Country Report）の作成やグローバル・ミニマム課税対応のためのグローブ情報申告書の作成等のサブジェクトに対応したＩＴシステムの開発にも取り組んでおられ、このような取組は民間企業が一社ごとに自前でシステム構築することの困難さを考慮すれば、各社からの潜在ニーズは非常に高いものと推察しています。税務担当に求められる最近の必要スキルとしては、英語等の語学力に加え、ＩＴを活用した情報収集・分析・報告能力が挙げられますが、前述のようにグローバルベースでの国・地域別情報を迅速・的確に取り扱うためには自前でシステムを構えるのは不効率・不経済であり、産業界共通のプラットフォームの活用が避けられないのではないでしょうか。

今後は外部専門家へ委託する仕事と自社で内製化を進めるべき仕事との関係性を十分熟慮、整理のうえ、最適化を目指していくべきと考えます。

## (3) 大学教授や研究機関等の知見の参照

政府税制調査会、日本租税研究協会、日本経済団体連合会21世紀政策研究所、東京財団政策研究所等の場では、大学教授その他の研究者から、大変有益な考察、解釈、見解、提言等の知見、情報を得ることができます。これらは必ずしも実務に直結するものではない場合もあるかもしれませんが、制度に関するより本質的で重要な背景や経緯、趣旨を知ることができることを通じて、企業税務の実務担当者の立場からも、理解が深まり、税務コンプライアンスの実践及び税制改正要望につなげることができますので、是非とも学びたいものです。

また、大学教授や研究者の関与が実務に直結する場面が実はかなり多く見受けられるのも事実です。政府税制調査会で著名な大学教授等が提言したあるべき税制の方向性が、実際に各年度における税制改正に反映されることも珍しくありません。かつて与党の税制調査会においては「政府税調は軽視しない、無視する」などと言われたこともありましたが、近年実施された連結納税制度からグループ通算制度への移行や、外国子会社合算税制の抜本的見直し、さらには課税ベースを拡大しつつ税率を引き下げるという成長志向の法人税改革等においては、政府税制調査会の議論をリードする著名な大学教授陣がその実現のために大きく貢献されました。経済産業省において開催される税制に関する研究会や勉強会においても、大学教授が座長を務め、税制改正に向けた議論の方向性をとりまとめておられます。時として、大学教授が示されるあるべき税制の方向性は必ずしも我々企業側が望むものと一致することばかりではありませんが、先生方との意見交換・議論を通じて学ぶものは大変貴重であり、経済界・企業サイドにおいても税制改正要望に際しては自社及び自社の属する業界にとって好ましい利益誘導型の主張のみではなく、経済界全体ひいては我が国日本の経済・社会全体の成長に寄与する真っ当な提言を行わなければいけないと自戒を込めて学べるよい機会であります。

## (4) 他社の担当者との意見交換の場

私自身もそうでしたが、多くの会社においては、税務担当者の要員数が少数に限られていることもあり、ともするとタコツボ化、孤立してしまう危険がつきまといます。特に大規模な税制改正やルールの見直しが行われる場面において、社内の身近なところに専門的な内容や対応策について十分に相談できる人が見当たらず、一人でもしくは税務部門内でのみ悩みを抱えてしまい、なかなか良いアイデア、解決策にたどり着くことができないことがあります。

ですから、答えを自社のみで見つけるのではなく、他社の税務担当者と意見交換をする場を持ち、互いの悩みを解消できるように有効活用することはとても有益です。そのための機会としては、自社が会員となっている業界団体、日本経済団体連合会、日本機械輸出組合、日本租税研究協会における各委員会に出席し、その場で同席される他社の委員と情報交換等を行うことが典型例として挙げられます。また、大手税理士法人、法律事務所、税務関連の専門誌出版社、税務申告・納税システム提供ベンダーが主催するセミナー等の場で、同席される他社の担当者と名刺交換等をきっかけに交流する方法もあります。

例えば、東レの税務室長 栗原正明様とは、今から18年前に日本経済団体連合会の税制委員会企画部会で初めてお会いし、以来長年に亘って税務に関しさまざまな意見交換等をさせていただいております。その栗原正明様からのご紹介により、この本の執筆を勧めていただいた南繁樹先生と面識を得ることもできました。このように、ある場で知り合った人からの紹介で他の人へと人脈を広げることもできます。

このような団体での会合やセミナーの機会では、ただ単に講師からの説明をお聴きして情報を収集するのみではもったいないことですから、これらの会合やセミナーの場で講師に質問や意見を投げかけることで講師及びその場に参加されている出席者の反応を得ることが自分自身の理解を深めるためにも役に立ちます。また、会合等の休憩時間や終了後に講師や他の出席者と意見交換等をすることで、異なる見方や派生する新たな論点に気が付けることもあります。このように何かのきっかけにより他社の税務担当との意見交換等ができる関係を築くことができれば、その会合等におけるテーマとは別の話題、例えば日頃から疑問に思っている税務上の取扱いについて他社ではどのように対応されているのか、差支えのない範囲で情報交換させていただくことも可能になり、とても助かります。

最近は、各社の税務責任者（部課長レベル）を対象とする会合のみならず、若手担当者（20代後半から30代）を対象とする次世代リーダー養成とも言えるセミナー等も開催されておりますので、税務担当になって未だあまり年月が経っていない者同士、自社の税務部門・体制についての思いや将来どうやって税務に取り組んでいくのが良いかなどを気軽に話し合う場として活用してみてはいかがでしょうか。

## (5) 税務調査官との向き合い方

前述のとおり、企業税務の実務家にとって、税務調査で向き合う調査官との関係は極めて重要です。

私がまだ20代の頃、初めて税務調査を受けたときは、国税局から来社される国税調査官の皆さんともに目上の方々であったこともありますが、怖く感じられ、何か質問を受けると、その質問の対象となった事柄はきっと税務上問題があるに違いがないのだろうと思い込んだものです。実際には、調査官は事実確認を行うために会社に対して質問をしているのであって、最初からそれが問題だとわかっているわけではありません。質問を受ける側の会社関係者も、問題かどうかを気にするよりもまずは事実関係を明らかにすることに協力すべきなのですが、往々にしてその場逃れのために、それは私がやったことではないので答えられませんだとか、業務が忙しくそのような質問に答える時間はありませんだとかで、なかなか適切な事実関係の説明を行ってくれる人にたどり着かないことがあります。そのようなとき、会社の税務担当である私は、会社の担当部門・担当者に対して調査官の質問内容とその狙いを伝えるとともに、とにかく税務調査官に対して事実関係を説明してもらうよう協力を取り付けるために頑張るわけです。そういったやりとりを重ねることで、税務調査官からも会社関係部門からも信頼を得ることができるようになりました。無事、といっても全く問題なくという意味ではありませんが、数ヵ月間に及んだ税務調査が終了できたときは、それなりに達成感に到達でき、税務調査官ともお互いにお疲れさまでした、と労い合う良好な人間関係を築くことができたと思います。

そもそも査察とは異なり、会社が受ける国税局調査部による税務調査は任意調査（もちろん任意とはいっても税法で認められた質問検査権に基づく調査ですから原則として断ることはできませんが）でありますから、税務調査官は犯罪捜査のために来社しているわけではなく、あくまでも会社の法人税に関する申告内容に誤りなどがないかどうかを調べるために来ているに過ぎませんので、会社側も過度に神経質になったり、緊張する必要もなく、質問された事項に対して事実関係を資料とともに明らかにすればよいわけです。**第2章（1）**でも述べましたが、税務調査官から受ける質問の多くは、実は税務特有の事柄よりも、大部分は会社の活動全般における資金の流れとその資金の性質が正当なものであるか否かを解明しようとするものですから、税に関する法令規則・通達等の専門的な知識を問われるような事柄はそれほど多くなく、大概は一般常識・社会通念に照らして不自然・不合理なことが行われていないかどうかが試されるわけですので、質問への回答や資料の提出を求められた会社の担当部門・担当者としても後ろめたいことがないのであれば、正々堂々とありのままに事実関係を説明・証明すればよいのです。

事実関係を明らかにしたうえで、税務上の取扱いについて誤りがあることが確認された場合には、修正申告もしくは更正処分を受けることになりますが、誤りを正すことはある意味当然のことであり、その誤りを指摘された会社側は真摯に受け止め再発防止に努めるべきです。一方、**第2章（3）**①～⑦で述べたように、税務調査官と会社側の見解が異なる場合もありますので、そこは互いに根拠となる法令規則・通達等を踏まえて議論を詰めることになりますが、それはそれで必要なプロセスであり重要です。

税務調査官も普通の人間ですから、税務調査の期間中は時に厳しい態度で職務を遂行されますが、調査が無事終われば、社会人同士良識のある交流を維持することができる場合もあります。実際、何年も後になって、再びお目にかかれる機会が訪れることのある調査官もおられ、また、調査官が退官された後に税理士として独立され、外部セミナーなどで講師をお務めになり、その講演を拝聴する機会に恵まれることもあります。その際は、税務調査で地方へ出張したときなどの思い出話に花が咲くこともあります。

なお、国税庁・国税局・税務署は、税に関する法令規則等に基づいて税務行政の執行をする機関であり、税制の企画・立案を所管する財務省主税局とは組織もミッションも異なります。税務調査が行われている最中に、会社側の関係部門・担当者の中にはこの点を混同し、税務調査官から税務上の問題点を指摘された際に、「それは会社側に問題があるというよりは税制上の不備ではないか?」というような反論をする人もときどき現れて、我々会社の税務担当としては冷や汗をかいてしまう場面がありますが、これはお門違いというものです。税制に関する不備を指摘等するのであれば、それはこの後の**第8章**で述べるように、産業界を通じた税制改正要望活動等に参画すべきです。逆に税制の不備ではなく、例えば研究開発税制やその他の投資減税等租税特別措置法に基づく政策税制に関して、この政策税制は素晴らしいですねなどと、税務調査の場で調査官に賛辞を呈する人もたまに出てくるのですが、これまた調査官にしてみればどう反応すればよいか困るところです。税制の良し悪しについて見解を述べる立場には、税務調査官はもちろんのことそもそも国税庁・国税局・税務署はないわけですから、税務調査を離れての世間話であればともかく、税務調査の場でコメントすべき話ではありません。

コラム　税務担当が常日頃から留意すべき８ヵ条の心得 ⑦

## 当事者・主役は会社自身であり<br>外部専門家はあくまでもサポート役

目下の課題は増大する事務負担に対する社内人材不足による（適切な税務コンプライアンスを保証できなくなる）業務リスクを懸念しているところ。国内外全グループ会社の税務情報（CFC税制、CbCR、GloBEルール等）をグローバルベースで投網を掛けるように漏れなく収集し管理していくためには、エクセルシートで作成した情報をやりとりする方法では限界があり、WEBベースのITシステムをツールとして導入・利用していくことが必要になるのではないか。その際には併せて、外部専門家からのサポートを受けることへの期待度が高まる。

一方で、すべてを外部専門家に丸投げすることは正しくなく、きちんと会社自身で判断及び意思決定ができるように、トップマネジメントに信頼される社内人材を確保し育成していくしくみを持つことが必要かつ最善の策である。そのことを実現していくためには、長期専任のコア人材と定期ローテーション人材の上手な組み合わせによる併存組織を維持・発展させていくことが重要。外部専門家に期待することは、あくまでも主役は会社自身であることを尊重したうえで、適時適切に情報提供及び企業のニーズに合った提案等を行っていただくことと心得る。

# 第8章

# 産業界を通じた税制改正要望活動等への参画の意義

## （1）産業界（日本経済団体連合会、日本租税研究協会その他業界団体等）への働きかけ

日本のような民主主義の社会では、税制は、政府が定め納税者を従わせる上意下達のものではなく、納税者に選ばれた国会議員が国民及び産業界・企業のニーズ・要望を受けて国会での審議と決議を経て制定されるものですから、納税者自ら税制改正要望を行うことが必要です。法人である企業は自然人ではないため選挙権は有しませんが、企業を構成する経営者及び従業員は意思を有する人間ですし、納税者である法人＝企業が税制改正要望を行うことは当然のことです。

とはいえ、約一億人の個人有権者と約３００万社の法人がばらばらに国会議員に要望することは非現実的ですので、会社が会員として加盟している業界団体等を通じてその団体を所管している政府機関及び支持政党・国会議員に要望していくのが通常です。一社一社の意見は小さいかもしれませんが、多数の企業から構成される業界団体に意見集約された税制改正要望は大きな説得力を持ちます。

税制改正要望というと、企業経営者からの大所高所・天下国家の視点からの骨太のものが思

い起こされますが、一方では企業に属する税の実務担当者ならではの事務負担軽減・事務の効率化に資する地に足のついたものも含まれますので、臆することなく積極的に改正要望作業に参加することが大切です。

## (2) 政府機関（経済産業省、財務省等）への働きかけ

前述のとおり、通常は業界団体等を通しての働きかけを行いますが、場合によっては、経済産業省等の団体を所管する省庁が開催する研究会・勉強会等に委員として参加する機会に恵まれることもあります。このような機会への参加は誰でも可能ということはなく、日頃から税制改正や現行制度の再検討等の活動に積極的に関与している経済産業界の中でも存在感のある少数の企業に限られているようですが、であればこそ、このような好機を逃すことなく自社及び自社の属する業界のみならず我が国の経済産業界全体にとって望ましいあるべき税制の実現に向けた要望等意見具申に注力することが重要です。

## （3）ＯＥＣＤ（経済協力開発機構）等の国際機関への働きかけ

２０１２（平成24）年からＯＥＣＤ／Ｇ20を中心にＢＥＰＳに取り組むプロジェクトが立ち上げられ、15項目の行動計画に沿った対応策について、各国政府間のみならず経済団体、民間企業、研究者、ＮＧＯ等も交えて広く議論が行われました。２０１５（平成27）年にはＢＥＰＳ１・０に関する「最終報告書」がとりまとめられ、その後引き続き「経済のデジタル化に伴う課税上の課題への対応策」いわゆるＢＥＰＳ２・０の検討が詰められていることは皆さまご存知のとおりです。

このような国際社会における百年に一度と呼ばれるような大掛かりな検討の場において、我々民間企業は、日本経済団体連合会や日本租税研究協会、日本機械輸出組合等の経済団体を通じて、また我が国の経済産業省並びに財務省を介して、ＯＥＣＤに要望等コメントをインプットすべく積極的に関与しました。

なかでも、強く記憶に残っているのが、ＢＥＰＳ行動計画13（移転価格関連の文書化の再検討）です。２０１４（平成26）年にＯＥＣＤが公表したディスカッション・ドラフトに対し、日本の経済界からは、日本経済団体連合会、日本機械輸出組合等からコメントを提出しましたが、私もその会員企業委員として懸命に意見発信に努めたことです。とりわけ、三層構造からなる移転価格文書の中でも、ＣｂＣＲの作成・提出義務の導入に関しては、当初多国籍企業が事業展開している世界各国・地域における国別売上高・利益・納税額・その他の情報を一覧表示した情報を各国・地域に所在する子会社から各国税務当局へ提出する「子会社方式」の採用が有力視されていましたところ、各国の経済界特に日本の経済界と企業からは、このような機密性の高い情報については当該多国籍企業の最終親会社がその最終親会社所在国の税務当局に一通のみ提出し、各国当局はその最終親会社所在国の税務当局の間で、租税条約に基づき情報交換する「条約方式」を採用すべきである旨強く働きかけることで、「条約方式」を原則的な方式として採用することが叶ったことは、今でも鮮明にまるで昨日のことのように覚えています。

２０１４（平成26）年から２０１５（平成27）年当時、経済産業省においても、「ＢＥＰＳを踏まえた移転価格文書化対応及び海外子会社管理の在り方に係る研究会（ＢＥＰＳ13研究会）」が開催され、また日本経済団体連合会や日本租税研究協会等においては、財務省主税局参事官室（国際租税担当）・国税庁を交えた研究会・意見交換会等も開催され、私も委員として参加し必死に取り組みました。当時ＯＥＣＤ租税委員会の議長を我が国日本政府の浅川雅嗣財務官が務めておられたこともあり、議長国日本における経済界・企業の意見をＯＥＣＤの議論にインプット、働きかけていただくことができたという恵まれた環境にも助けられました。後日、財務省・国税庁関係者からお聞きした話によれば、当初ＯＥＣＤにおける各国政府当局間の議論の場では日本が主張する「条約方式」はほとんど支持されることはなかったとのことでした。むしろ多くの政府当局にとっては、「子会社方式」のほうが（当局にとって）事務負担は軽く現実的な方法であるという意見で占められており、なぜ日本政府が頑なに「条約方式」にこだわるのか理解できないというような意見が多かったそうです。それでも、日本企業をはじめ多くの国の多国籍企業からの切実な主張が伝わり、最終的には「条約方式」を原則とし、租税条約がない等「条約方式」が機能しない場合に限っての例外として「子会社方式」を適用することで結論を得ることができました。

２０１５（平成27）年２月に日本経済団体連合会税制委員会及び21世紀政策研究所国際租税研究会がＯＥＣＤ租税政策・税務行政センター、ＢＩＡＣ（ＯＥＣＤの経済産業諮問委員会）税制財政委員会と開催した国際課税に関する第一回会議では、私は日本経済団体連合会委員の一人としてパネルディスカッションに登壇し、「ＣｂＣＲの提出義務化に際しては、各国当局には、機密保護、一貫性、適切な使用の三原則を遵守することを強く要望する」旨意見陳述いたしました。この日本経済団体連合会とＯＥＣＤ等との国際課税に関する会議は以後毎年開催され、２０２３（令和５）年11月には第9回目を迎えましたが、ほぼ毎回参加しコメントを行っています。

２０２３（令和５）年４月には、ＯＥＣＤ租税政策・税務行政センター前局長のパスカル・サンタマン氏が来日され講演が行われましたが、その場でもＣｂＣＲに関する話題が上りました。２０１５（平成27）年当時あれだけの議論を重ねてＣｂＣＲについては「条約方式」を採用することで落ち着き、８年もの長い年月が過ぎたというのに、ＥＵでは加盟各国に所在する多国籍企業（親会社のみならず子会社も含む）にＣｂＣＲを会社のウェブサイト上で公開することを義務化することを決定するに至り、我々企業の立場からすれば、せっかく「条約方式」が採用されたことの意義が失われてしまうのではないかと懸念を伝えました。国別の利益や税額等の情報は、企業にとって極めて機密性が高いばかりでなく、グローバルに多種多様なビジネスを展開している今日の大企業において、これらの情報を国別に集計した数値を公表することに有用な意味があるとは考えられません。国・地域ごとに展開している事業内容は各国のグループ会社が担っている機能及び負担しているリスクが異なっている状況において、このような国別情報を一覧表示・公開することは、かえって誤解や事実誤認による批判を招くことになる可能性が危惧されます。そもそも多くの企業は、国家とは異なり、通常国という単位で事業を管理しているわけではなく、商品やサービス等のビジネスラインごとに損益管理を行っています。したがって、このような機密性の高い重要な情報を公開するのであれば、説明責任まで含めてしっかりとマネージする必要がありますが、それは極めて困難であり、ＥＳＧ評価の向上に寄与するどころかマイナス効果をもたらしかねないことに留意が必要であることもあわせてコメントさせていただきました。

このＢＥＰＳ行動計画13におけるＣｂＣＲに関する議論は、私が関与したテーマの中でも最も印象深いものですが、これに限らず、ＯＥＣＤ等の国際機関における世界共通の国際課税ルールの検討過程において日本の民間企業が直接的に意見陳述等の形で関与できる道が拓かれたことは大変意味のあることだと考えています。かつては、税制改正と言えば、専ら日本国内での経済産業省、財務省、国会議員等への働きかけに終始していたと思われますが、一国内で完結することのない国際社会における国際課税に関するルールの見直し等については、議論の上流・川上であるこうした国際機関での検討の段階から参加していくべきであると考えます。

なお、ＯＥＣＤ／Ｇ20等を中心とする国際社会において新たな国際課税ルールの策定及び既存ルールの見直しの検討が行われる場面では、米国政府が同意するかどうかでこれらのプロジェクトの成否が決定してしまうほど大きな影響力を有しています。したがって、日本企業としても米国政府の動向には注視が必要で、時と場合によっては日本経済団体連合会等の経済団体を通じて日本の産業界の意見を米国政府にインプットしていくことも必要になります。現に、

１９９０年代初頭に米国において移転価格税制の大幅な改正が行われた際には、日本機械輸出組合が米国議会の公聴会で意見陳述を行ったこともあり、近年では２０１７年に日本経済団体連合会が米国議会上院、下院における共和党、民主党のそれぞれの税務担当スタッフや米国財務省等の法案の作成にかかる関係者を訪問し、トランプ政権下の米国税制改革の現状と見通しについて現地調査も実施しています。最近では、米国以外にも、成長著しい新興諸国における国際課税ルール見直しに対する関与の度合いも高まっており、日本の産業界・企業によるこうした国々への働きかけの必要性も高まっています。我々日本企業の税務担当もこのような現実から目を逸らすことはできません。取り組むべき課題は山積しており企業の税務担当受難の時代であります。

**コラム　税務担当が常日頃から留意すべき８ヵ条の心得 ⑧**

## 日本経済団体連合会・日本租税研究協会等社外活動への参加を通じて社業への貢献を図ること

現在会社は大変恵まれたポジションにあり、日本経済団体連合会税制委員会、21世紀政策研究所国際租税研究会、経済産業省政策税制研究会、日本租税研究協会、電子情報技術産業協会（JEITA）財務税制委員会、日本機械輸出組合国際税務研究会等への委員としての参加の機会を活用することで、税制に関する各種要望事項を意見具申すること及び最新の税制動向を把握することができる立場にある。また、税制に関する各種要望事項は、必ずしも天下国家の視点から大上段に構えるものばかりではなく、日常の業務遂行を通じて、実現を要望する事項等をインプットできる好機でもあり、遠慮することなく実務に即したニーズに基づく要望事項を出すことで実務に直結した回答やヒントを得ることが叶う。もちろん、これらの活動にあたっては、各種アンケート調査への回答やコメント提出を求められることが多々あり相当に業務負荷を伴うが、これら一連の活動を通じて鮮度の高い情報をいち早くキャッチできれば、既存制度の見直しや新たな制度導入等への具体的な実務対応施策の検討、企画・立案、実施も競合他社に先んじて的確に手を打ち、社業への貢献に大きく寄与することが可能となる。日常業務及び目前の課題に忙殺されることなく使命感を持ってこれらの好機を積極活用することが有用である。

# 第9章

# 次代を担う若い人達に伝えたいこと

最後に、本書全体を通じて、次代を担う若い人達に伝えたいことを書き残しておきたいと思います。

## （1）若者には可能性に満ちた未来がある

グローバル化と経済のデジタル化の進展によって、今日の社会は目まぐるしく変化しています。まさに「変化は進化、変身は前進」です。若者はこの変化する社会の将来を察知し、自ら志望する進路を選択していくことができます。一方で、会社に所属する身分である以上、会社の方針及び部門長から与えられたミッションを達成すべく業務に励むことも求められます。自らの希望と組織からの期待が常に一致するとは限りませんが、若いうちは自らの希望をしっかり持ちつつも、まずは与えられた仕事に精一杯取り組むことが大切です。

「鶏が先か、卵が先か」の例えに似ていますが、将来自分がなりたい姿、目標を抱くときは、何らかのきっかけがあり、何かに導かれるようにそうなっていくのではないでしょうか。例えば、大多数の人々は学生から社会人になったその時点で既に確固たる自らの進路・志望を持っていたということはなく、社会人になってまずはその環境に慣れ一人前に仕事をこなせるように努力を重ねるなかで、手本とすべき先輩や上長、経営者の姿勢や考え方、行動に影響を受けながら、自らの目標も段々とはっきりしてくるのではないでしょうか。

私の場合も、会社に入り、経理部門に配属されたその瞬間に将来税務の専門家になることをイメージしていたわけではもちろんありません。まずは2年前に入社し同じ事業所の経理の職場で活躍されていた一番身近な先輩を手本として、その先輩のように職場の中心的な存在感を発揮できる社員に成長できることを目標としました。その先輩は、自己啓発で、就業時間終了後週に2日程度御茶ノ水の簿記学校に通い税理士資格取得のための勉強をされており、その姿を手本として私も週末土曜日に簿記学校へ通うようになりました。そのときは、将来税務担当になることを目指していたわけでもありませんでしたが、前述のとおり、当時の経理部副部長が各地の事業所を巡回して経理要員との個人面談をするなかで、私が税理士資格を目指して勉強していることを申し上げたところ、需要と供給がマッチして本社経理部で税務担当として異動することになったのがその後約40年の長きに亘って税務を担当するきっかけとなりました。税務担当になってからも、会社に属する勤め人ですから、人事ローテーションによって他の経理部署に異動する可能性はもちろんあったのですが、結果としてはその後税務一筋に勤め上げることになりました。もし仮に他部署に異動していたら、今日とは違った目標に向かって頑張っていたのかもしれません。こればかりは、自分の選択の結果というよりは、会社組織・職場の状況、人事権を有する上長・責任者のご判断によるところが多いため、何とも言えない部分がありますが、敢えて言わせてもらえば、会社のニーズと私の適性とが上手くマッチし、それが年月を経ても衰えなかったこと、そのために私自身も最善を尽くし成果を上げてきたからではないかと思います。

ここでお伝えしたいことは、職業に貴賎なしという言葉があるように、各自にとってやりがいと情熱を持って取り組める仕事に就けるのであれば、それが一番良いことであり、私にとって税務という仕事に巡り合えたことは大変幸運なことであったということです。今まさに、百年に一度と言われるような国際課税制度の大改革が行われているこの時期に企業における税の実務担当として会社の長期的利益獲得に貢献する役割・機会を得られたことは最上の喜びです。

## (2) 企業がイノベーション投資を行うように個人も学び続けることが成功の鍵

学生時代を卒業し社会人として仕事を通じて生計を維持する立場になると、職場でのオンザジョブトレーニングを通じた学びはあっても、職場を離れての自己啓発は多忙な中ではなかなか思うに任せない状況というのが一般的かもしれません。

一方、オンザジョブトレーニングのみでは、世の中の変化に後れをとり井の中の蛙大海を知らずに陥ってしまいがちです。イノベーションというのは、なにも自然科学・工学の世界に限ったものではなく、経理や人事、ファシリティ、事業企画などの管理部門系の世界においても絶えず革新が起こっています。

私が属している経理部門においては、特にこの約30年間は次々と新しい制度の導入・改定が行われており、これらの最先端の動向・情報に常にキャッチアップして行きませんと、時代から取り残されてしまいます。

私が属している会社では、過去40年以上に亘って、毎年売上高の10％を超える研究開発投資（単体決算ベース）が継続実施されています。この業界では新技術の研究や新製品の開発競争が非常に激しいことから、積極的な研究開発投資が欠かせないからという事情もありますので、必ずしも10％という水準が絶対的に正しいかどうかはわかりませんが、それなりの投資を継続していかないと競争力を維持し会社を成長させていくことは困難です。

この話は個人においても当てはまるのではないでしょうか。もっとも個人の場合は金額ベースで年収の10％を自分一人の自己啓発に費やすというのは現実的ではないかもしれませんので、尺度というか目安としては時間シェアを用いるのが良いかもしれません。例えば、睡眠時間を除く１週間＝（16時間）×７日＝１１2時間として、その５～10％＝６～12時間程度を自己啓発に充てようとすれば、１日当たり平均１～2時間となります。なかなか平日は時間の確保が難いことから、休日の土曜日又は日曜日に重点配分するのが現実的です。

私の場合は、前述のとおり、税理士資格取得のために毎週土曜日に簿記学校へ通いながら、その他専門書を読んだり、過去問題を解くトレーニングを行いました。また、税理士試験卒業後は、苦手だった英語力向上のための学習に時間を充てました。国際税務への対応にあたっては、海外の主なグループ会社から協力を得ることが不可欠で、それも日本からの出向社員のみならず、むしろ現地採用の外国人税務担当者とのコミュニケーションが重要となります。その手始めが、日米移転価格ＡＰＡの締結に向けての米国子会社の税務部門との連携であり、アメリカから米国人税務部長が来日し会議を開催するようになったのもこの頃からですが、なにぶん当時の私は英会話も読み書きも苦手で大変難儀いたしました。今でこそグローバル企業のキヤノンに入社される新卒社員は皆さん英語によるコミュニケーションは当たり前にできますが、当時は必ずしもそういうこともなく、なかでも私の英語力の低さは恥ずかしい限りでございました。

さすがにこのままでは、職務を全うすることもできないと反省し、遅ればせながら英語の学習にも励むようになりました。英語の読み書き聴き話し力を測定する試験としてＴＯＥＩＣが広く認知されています。キヤノンでは新卒の新入社員は全員ＴＯＥＩＣを受験することとなっていますが、初めて受けた１９８２年には僅か３８５点と散々な結果でした。英語が苦手だったこともありその後10年間ＴＯＥＩＣを受けたことはなかったのですが、意を決し１９９２年からＴＯＥＩＣ受験を再開いたしまして、１９９２年：５１０点↓１９９３年：６５５点↓１９９８年：７４５点↓２００１年：８２０点と８００点台の大台に乗せられるまでに上達することができました。

このＴＯＥＩＣ８００点台乗せにもこぼれ話があります。英語学習を始めた当初は通信講座のＴＯＥＩＣ教材を利用していたのですが、通信講座ではどうしてもリアルなやりとりが難しく限界があるなと思い悩んでいました。そんなある日、たまたま休日に街の映画館へ行ったときのことですが、某英会話学校の売り込みキャンペーンが映画館のロビーで行われており、女性係員から声をかけられ無料体験コースに誘われたのがきっかけで２年ほど週１回英会話学校へ通い、そこで講師のネイティブスピーカーと生きた英語のやりとりを学ぶことで、遂に８００点台乗せを果たした次第です。こういうきっかけでもない限りおそらく自分から英会話学校へ通うことはなかったと思いますので、私を勧誘してくれた係員には感謝すべき幸運な出来事でした。

ここでお伝えしたいことは、学びを継続することは力なりということです。

## （3）キーパーソンとなることで人脈を広げ信頼を得る

会社勤めをしていると、社内関係部門で業務上つながりのある人達との人脈が徐々に形成されていくものですが、私のように税務一筋40年も同じ職場で働いていると、これら関係部門の人達が人事異動で他の職場へ移っていくことがよくあります。嬉しいのは、これらの人達から税務に関する相談事を移られた先の職場からも受け、その異動先職場のメンバーを新たに紹介いただくことで、一層人脈が広がっていくことです。税務に限ったことではありませんが、人事、ファシリティ、知的財産、法務、ロジスティクス、研究開発、経営企画等々の各部門にはキーパーソンと呼べる人がおり、何か新たなプロジェクト、テーマ、課題等が発生したときには、こういった各部門のキーパーソンが連携して対処することでスムーズに成果を上げることができます。事業部門の人達が人事ローテーション等により国内外のさまざまな拠点に異動した場合でも、こういった各部門のキーパーソンが居る限り、何かあったときには安心して相談や協力を得ることができ、相談等を受ける側でも自らの仕事を通じて、事業部門ひいては会社の成長と自分の成長とを一致させて、ともに成長できる喜びを実感できることは素晴らしいことです。

ここでお伝えしたいことは、自分がある分野においてキーパーソンになれれば、関係者の立場が変わっても引き続き頼られる存在で居続けることができ、自分も関係者との連携・協業の中でコミュニティの一員として成長できるということです。

## （4）経営者を目指すにしても得意な専門分野を有することは必要

大学を卒業して会社に就職した新入社員、なかでも事務系の多くの人達にとってのゴールはいずれ会社の事業方針や戦略を担う経営者になることだと思います。一方で、今日の社会経済は非常に複雑化、高度化しており、たとえ自らの勇気と情熱・行動力に自信を持っていたとしても、その基礎にしっかりとした得意とする専門的な知識や実務を遂行する実力を兼ね備えていませんと、誰も経営者に相応しい能力を有する人材であるとは認めてくれません。今どき、人付き合いが良いとか、気が利いている、リーダーシップに優れている、情に厚い、親切で常識のある人格者であるなど、というだけで経営者になれる世の中、時代ではないでしょう。

したがって、若いうちはまずは自分が得意とする専門性を身に付けるべく勉強に励むことが大切だろうと思います。私の場合には、入社後の配属先が経理部門であったこともあり、また先輩の影響も受け、税理士資格を得ることを最初の目標に掲げて勉強しましたが、人それぞれですので、何を目標とするかは各人の選好や適性、尊敬し影響を受けた人物の生き様等を参考に自分で選択すればよいことです。

なお繰り返しになりますが、私は40年に亘って税実務の専門家として知識・実務能力の向上を目指して今日に至っているわけですが、経営者を目指すのであれば、あるいは経営者ではなくても会社の一員として企業成長にともに貢献していく以上、専門バカになってしまっても大成することは難しいでしょう。企業内の専門家に求められる役割は、自らの専門性を高めると同時に関係部門との連携・協業を通じて会社全体の成長・発展にともに貢献・参加していくことです。現にこういった関わりを経て専門家から経営者に上り詰める人達もいますし、経営者にはならなくても経営者に信頼され意見具申を求められる専門家として会社になくてはならない存在として処遇される人達がいることも知っています。

ここでお伝えしたいことは、最終目標が経営者になることであっても、そのためにもその基礎として、しっかりとした得意とする専門的な知識や実務を遂行する実力を兼ね備えておくことが重要だということです。

## （5）専門家であり続けることは簡単なことではない

余程の超大企業でもない限り、一つの部門内に何十名や何百名もの専門家を抱えることはなく、私が属する税務部門もせいぜい10名程度の要員しか配置されていませんので、私は会社の中で一番の税務の専門家ですなどと言っても、広い世間から見れば大した存在ではありません。名実ともに本物の専門家になることを志すのであれば、業界団体や経済団体に集う多数の会社委員の中でも五本の指に入るほどの有力な存在になることを目指すべきでしょう。仮に日本の中でそのような存在になったとしても、世界は広く、欧米亜等には国際的な議論をリードするような先達が大勢います。上には上がいるわけです。

また、今日のように変化の目まぐるしい時代にあっては、一度その道のプロと言われるような域に到達できたとしても、学び続けていきませんと、知識は陳腐化が避けられません。

我々がこの約10年に亘って関与しているＯＥＣＤ／Ｇ20の包摂的枠組みのＢＥＰＳプロジェクトはその典型例で、２０１２（平成24）年以来次々に新しいルール及びガイダンスの案が提示され、これらに対するパブリックコンサルテーションを経て、最終ルール及びコメンタリー、ガイダンス等が公表されるという流れが繰り返されています。これらの多くの新しいルールの導入及び既存のルールの改定にあわせて、会社の実務対応策についても検討し実施していくことが求められます。今日ＢＥＰＳプロジェクトは大詰め局面を迎えていますが、未だに完了には至っておらず、ルールの最終化と適用開始までの間には更なるガイダンスの公表やルールの見直しが入る可能性があり、これらの動向を逐一追跡し理解を更新していくことが必要です。パブリックコンサルテーション等も引き続き行われる可能性が残されていますが、経済界からコメントや要望をインプットする機会を有効に活用するためにも常に最新情報の把握、読解、分析、検討等に努め続けなければなりません。ＢＥＰＳプロジェクトに関する情報の解説等は、大手税理士法人や法律事務所からもセミナーや専門誌を通じて提供を受けることができとても有用ですが、自らもＯＥＣＤから公表されるモデルルール、コメンタリー、実施ガイダンス等の文章を読み、文中のどこに何が書かれているのかを確認することが認識を定着させるためにも重要です。

会社における在籍年数を重ね管理職に就くと、そういう細かいことは部下に任せて報告を受ければ良いではないかと考える向きもあるとは思いますが、自身の能力を維持・向上させ専門家であり続けたいのであれば、自ら原典にあたって読み込む努力を惜しんではなりません。

もちろん経理部門のトップであるＣＦＯや本部長等のライン管理職に就かれている人の場合

には、そのような時間はなかなかないでしょうし、もっと他にやるべき優先事項があるでしょう。このようなラインのトップの場合には、配下の専門家から報告を受けて重要なポイントを押さえ、的確な指示を下せるように組織を掌握すべきであり、まさにそのために専門家の存在意義があるというものです。

ここでお伝えしたいことは、ある分野で専門家であり続けるためには、そのための努力を継続していかなければならないということです。

## (6) 教え上手は学び上手

私は30代前半に課長代理に就いた頃から、税務に関する社内ルールや決算・税務申告に係る留意事項に関する社内説明会を開催し解説をすることが多くなってきたように思います。また税務調査等での反省・改善策を立案・実行するにあたっては、関係部門の方々に周知徹底を図る場を設け、さらには会社の人事部門が主催する各階層別の研修に税務講座を開講しその講師役を務める機会等も増えました。こうした経験を振り返って思いますのは、他人に何かを教えるためには、なによりも自分自身がその内容を良く理解しなければならないということです。

つまり、教えるためにはまず学ぶことが必要です。

例えば、税務に関するプレゼンテーション資料や講座用テキストを作成する際は、これらの中に書き込む文章や用語の一つ一つについて正しい意味を理解するために多くの時間をかけて調査することになりますが、そのことが自分自身にとってとても有益な勉強となり、他人に教えることのみならず自分の専門性を深め高めるうえでも良い効果が得られます。

時が経過し、50代になりますと、社内のみならず対外的な場、例えば、業界団体や調査・研究団体、経済団体、官公庁等で意見陳述等を行う機会も増えてきました。対外的な場となりますと、ある意味その分野において会社を代表しての意見表明という色彩が出てくることから、社内での説明よりも責任感やプレッシャーが高まりますので、なおさら的外れなことを言わないよう、参加する場におけるテーマ、趣旨・目的に応じた的確な論点整理が必要になります。とりわけ例えば税制改正要望事項について意見陳述を行う場合においては、単に自社及び自社が属する業界の利益のみを追求するのではなく、日本の産業界全体、ひいては日本国の成長・発展にとって望ましい建設的な提言を行うよう心掛けることが重要です。

このようにＴＰＯに合わせた適切な意見陳述を行うためには、自分及び自分が属する会社・業界の要望以前に、日本社会・経済が何を求めているのか、そして国際社会の中で日本国及び日本企業がどういうポジションを占めることを目指すべきなのか等大所高所からの視点を持つことが必要不可欠です。これらのマクロ的なニーズを考えるためには、自分の専門分野である税務のみならず、広く社会課題や世界及び日本のトレンドを新聞・ＴＶ等のマスコミ情報や官公庁や各団体が発行する刊行物・インターネット情報、自社のトップマネジメントや経済界の重鎮の発言内容等を収集・把握し自分なりに考え方を整理していく習慣・学びが役に立ちます。

ここでお伝えしたいことは、他人に何かを教えるためには、それ以上にまず自分が学ぶ必要があり、またそれは自身の能力向上にとても役立つということです。

## おわりに――税務担当の地位向上を願う

以上、長年に亘り企業で税務を担当してきた私の奮闘記、経営税務への道程について述べてまいりました。本書が、税務は企業経営そして経理機能の適切な発揮において必要不可欠な重要な要素であることについて、読者の皆さんに賛同いただけたとすれば望外の喜びに存じます。

一方で、企業経営そして経理機能全般から見れば税務は重要ではあるもののあくまでもその一要素に過ぎません。ＣＥＯそしてＣＦＯが企業目的や業績目標を設定し、これらの達成のために行動計画を策定する場面において、いきなり税務が表看板に出てくることはありません。企業経営者がまず考えるのは、どのような企業を目指すのかのビジョンを明らかにしたうえで、次に具体的に達成すべき業績目標・事業戦略・骨太の行動計画を練り定め実行していくことですが、この過程で税の観点からの目標等が表看板に掲げられるはずはありません。売上及び利益等の業績目標を達成し、獲得した利益から適切に納税を行うことは目標に掲げるまでもなく当然の社会的責任であり義務ですので、それは当然のことです。

経理部門全体としての目標を考えるときにも、目指す姿は「投下資本の拡大再生産」でありそのために「経営状況を早く正確に把握」することが求められ、それを実現するために「生産性の高い精鋭集団」を形成することにあります。経理部門として達成すべき目標は「財務基盤の強化」及び「事業の成長と収益力強化及び構造改革の支援」であり、加えて「グループ経営の更なるガバナンス強化」などを通じた企業価値の向上への貢献が最優先事項として挙げられます。

税務は、これらの企業目的・目標を達成するために必要な取組、努力の一要素であり、表に出ることはなく裏から役者を助ける黒子のような存在です。表舞台でCEO／CFO等が活躍するためには黒子の税務担当・税務部門がしっかりと支えることが重要です。

したがって、世の中で優良企業として認められるような企業のトップマネジメントであるCEO／CFOは、税務を重要視し大切にいたします。また、税務担当自身としても、企業経営における税務の重要性が全社的に認められ、誇りを持って任務を遂行できるように、企業内のステータス向上に努め、関係部門と良好な連携を図れるような尊重される部門として認知されることが大切です。そのためには、一度人事異動等により税務担当・税務部門に任命されたからには、単に長い会社勤めの中においてローテーションの一環で一時をたまたま過ごすことになったと受け身の姿勢で捉えるのではなく、これを千載一遇の好機と認識して前向き積極的に納得のいくまで税務を極めるくらいの心構えで取り組んでいただきたいと祈念いたします。

トップマネジメントをはじめ社内の関係部門には、真摯な取組を見守り支援してくれる人が必ずいるはずですので、是非とも明るい将来に向かって邁進されますことを心から願い、おわりの言葉といたします。

る者としては、これに「活力」を加えることで、ダイナミックな企業活動・経済成長を通じた拡大均衡路線で、元気の出る税制の実現を目指して今年も汗を流したいと思います。

以上

を拝聴・勉強しながら追いかけていくのに精一杯でしたが、あれから10年の時が経過し気が付けば今や私もその重鎮の一人と言われる立場となり、この数年は研究開発税制を始めとする法人税改革の議論並びにBEPS対応などの国際課税制度の世界においてもほぼ必ずと言ってよいほどに研究会等の委員として招集を受け、積極的に意見陳述等参画の度合いを深めるまでになりました。

他社では、渉外部等に属する方々が税制改正の議論に委員として参画される場合も多く、私のように元々企業の税務担当として決算及び税務申告、税務調査対応等のコンプライアンスに軸足を置いてきた税の実務家としての目から見ると、ときとして他社からの要望は余りにも自社及び自社の属する業界の利益を誘導するために税制における理屈を超えた駄目元・無理筋の要求ではないかと思われるようなものも多々含まれていました。

その中にあって私は、一企業あるいは属する業界の利益代表的な立場とは一線を画し、我が国日本の経済を成長路線に回帰させ、我が国企業の国際競争力を強化していくために税制は如何にあるべきかという視点から、且つ企業実務において過重な事務負担等を強いることなく実行可能な簡素で活力ある税制の構築を目指して、地に足の着いた実需に基づく提案に注力してきました。結果として正当な要望が実際の税制改正事項として実現されたときには、その成果は自らが属する企業における日々の社業への貢献にも直結するという好循環が得られるものと信じています。

税制の三大原則として「公平」「簡素」「中立」というのが通説としてありますが、私たち企業そして産業界に属す

ているところです。

たとえば、昨年11月に人事本部主催の経営幹部研修の経理編の講師を務めることとなり、そこでは競合他社との財務比較分析を通して、会社の特徴と課題を整理し、その課題に対しどのような施策が実行される必要があるか等を、選抜された将来の経営幹部候補社員にグループ討議してもらいましたが、その研修を受講した社員各位から提出されたアンケート回答結果には、「内容に基本的なことが多く、外部講師によるさらに高度なレベルの研修を受けたかった。」「グループ討議自体は有意義だがその結果のアウトプットとして何を期待されているのか経理本部見解等のフィードバックが乏しく達成感が得られなかった。」等々辛口の指摘もあり課題を残したという気持ちで年を越しました。つくづく経理というは幅の広い奥深い仕事であると再認識したところです。

### 〔4〕一企業のみならず産業界を代表して政府・機関等へ働きかける役割

2006年に自社のCEOが日本経済団体連合会の会長に就任して以来早や10年以上の歳月が経過いたしました。同年にCFOが日本経済団体連合会税制委員会の企画部会長に就任されたのを皮切りに、日本租税研究協会の副会長、国税庁の国税審議会委員、政府税制調査会の特別委員、経済産業省税制研究会委員等を相次いで歴任されることとなり、当時政策・経済調査本部（現渉外部）の部長とともにカバン持ち的にこれらの活動をそのスタッフとして支える役回りを務め始めました。当時は、重鎮企業の各委員のご発言管理部門、グループ会社）とともに何を具体的なアクションプランとして共有・連携すればそれが叶うのかまずは合意形成を図る必要があります。私はその架け橋としての役割を務めなければならないと考えています。

### 〔3〕経理本部直轄の上席職に期待される役割

1980年代後半にグループ会社（国内）との税務検討会を開催し始めた当時を振り返り思い出すのは、「税務担当＝全部担当」を合言葉にグループ会社経理部門のメンバーとともに熱く語り合ったときの情景です。当時は税務担当は経理部会計課の中にかろうじて２名の税務担当が所属しているのみで、グループ各社においては税務専任担当すら配置されておらず予算・会計決算をやりながら税務も兼任でこなしている状況でした（今でもそういう状況にあるところもあります）が、それでも集まったメンバーは皆さん「税務は重要だ。たとえ予算や会計決算業務がどんなに忙しくても税務のしくみを学び正しい課税所得金額と税額計算そして申告納税義務を履行できるよう、グループ会社同士で情報交換・共有しレベルアップを図って行こう。」と誓い合ったものでした。

私は昨年の人事異動にともない、どの部課にも所属しない経理本部長直属のポジションに席を移しました。税務担当であることには変わりはないとはいえ、ポジションが変わった今、税務はもちろんですが、本部全体を俯瞰できる経理本部の最高幹部の一人としての自覚と自信を持って正に「税務担当＝全部担当」としての気概を持って任に当たれるよう研鑽を積んでいかなければならないと自らを戒め

を示し、私は上席・理事ならではの長い経験と専門的知見を活かしてここぞというところで積極的に関与しつつも、税務部門が特定の個人の資質や能力に依存するようなことなく組織的に機能を発揮し得る体制を作っていかなければならないと念じています。

## 〔2〕会社グループ全体としての税コスト最適化の推進

トップマネジメントからの重要な経営施策の一つとして税コスト最適化が掲げられています。この数年来のその取組を振り返って税務部門（税務会計課）の限界を思い知らされることが多々あります。最初からわかっていた面もありますが、税のしくみに通じた専門家として課税所得金額及び税額を税法規定に則って適正に算出し申告・納税することと、グループ全体の税コストを管理し最適化（実効税率低減）を図ることは、相当に異なる役割です。

決定的に異なるのは、前者においては税引前当期利益をグループのどの企業がどの国・地域でどれだけ獲得するかは基本的に関与せず企業活動の結果として受けとめ、その税引前当期利益を前提として税法特有の加減算調整を経て誘導的に課税所得金額を認識し納付すべき税額を計算するのに対し、後者においてはそもそも税引前当期利益をグループのどの企業がどの国・地域でどれだけ獲得することが税コストの最適化に資するのかを考えその実現に向けた企業行動を施策として立案に働きかけることが必要なことです。その観点から、後者の役割を税務部門が担うには荷が重過ぎるというか、元々そのような機能は有していないとも考えられます。であれば関係部門（事業部門及び経営

2017年1月5日（木）

**2017年度 税務担当上席 年頭所感**

理事　菖蒲静夫

昨年2016年4月1日付けの人事により、担当部長から上席・理事に異動の辞令を受けました。同時に新経理本部長から直々のご指示に基づき、所属コードの変更のみならず物理的に自席のロケーションも経理部税務会計課を離れ、壁を隔てて配置されている経理本部長室へ移動し、これまでとはやや異なる風景に身を置きながら早や9ヵ月が経過いたしました。

この人事は通常の異動とは相当性質の異なる特別な意図が込められているものと、自分なりにその意味合いを熟慮しながら自らの使命を自問自答・試行錯誤しつつこの9ヵ月を過ごしてまいりました。

定常組織としての「税務会計課」の年頭所感及び重点テーマの設定については、ラインの税務会計課長に一任することとし、ここでは視点を変えて税務担当上席・理事としての年頭所感を下記のとおり述べさせていただきます。

記

**〔1〕ゴーイングコンサーン（継続企業の原則）としての税務部門**

昨年の年頭所感でも触れましたが、組織としての税務部門としてはライン課長以下税務会計課員一同が結束してその機能が滞ることなく維持・発展していけるよう方向感等のうちからこの問題を乗り切れるように、そしてさらには10年後のあるべき姿の構築に向けて、互いに良くコミュニケーションをとり、議論を深め、経理部門の組織力を維持・充実させていかなければならないと思う。

以上

段上の立場から経理部ひいては経理部門全体の幹部の一人として、マネジメントの視点も加え、将来にわたって会社が益々発展していけるための基盤としての経理部門と経理機能をレベルアップしていく推進役としての役割であろうと自覚している。

ともすれば、日々の忙しさにかまけ、目先の実務課題に対してモグラ叩き的な対処に追われてしまいがちであるが、経理部副部長を拝命したからにはもはやそのような時間の無駄遣いは許されない。中長期の視点で経営戦略に即したしくみの構築と充実に向けた、囲碁にたとえれば局地戦のみに目を奪われることなく大局的に布石を打ちながら理想形に近づけていく役割を果たしていかなければならない。

したがって、「税務会計課」としての定型的実務は、課長代理を始めとする課員へできるだけ委譲していき、「もはや税務に菖蒲はいなくても結構」といわれるように、組織力を鍛錬していきたい。

### (2) 経理部門における2007年問題への備え

世間では団塊の世代が定年退職を迎える2007～2009年前後の期間を総称して“2007年問題”と呼んでいるが、実は会社の経理部門も例外ではない。従来、1980年以降に入社した我々の世代は、自分達が自発的に会社の経理部門を支えてきたというよりは、どちらかといえば、先人・大先輩・上司各位が築き上げてきた枠組みの下で、その指示に従いながら育てていただいたというのが率直なところのように思われる。しかし、現状のまま何の備えもなく突然“2007年問題”を迎えるわけにはいかない。

これは大変難しい仕事であるが、我々1980年代世代は、今メントや投融資管理、M&A・組織再編成の検討、予算管理、原価管理等の経理実務において、税務が関係しないことはほとんどない。換言すれば、本来税務はその機能が単独で成立し得る性質のものではなく、各々の機能に組み込まれて初めて有効に働くことができるものである。したがって、「税務会計課」の創設後も、各経理部門は自らの職務遂行に必要な基本的知識については税務も含めて対応が必要なことに変わりはない。「税務会計課」は各経理部門に対して、税務の専門部門として高度な助言・サポートを行うが、あくまでも経営合理性と全体最適が優先することを肝に銘じなければならない。

上記のとおり「税務会計課創設」の背景・目的・期待される役割を述べてきたが、重要なことは計画を実行し成果を出すことである。

## 第二章　「私の副部長昇進」について

### (1) 税務の専門家から経理部門全体の幹部へ

1984年11月、入社四年目に光機事業部経理課から経理部会計課に税務担当として着任以来満20年を経過し、今や菖蒲といえば「税務」、思い上がりかもしれないが、会社の「税務」といえば菖蒲と呼ばれるほど、長期に亘ってこの職務を担当してきた。今回、経理部在籍21年目に際して関係各位のご支援の下、私が「経理部副部長」に昇進したことの意義は大きい。「税務会計課長」兼務であるから、従来どおり税務担当としての位置付けに変わりはないとも言えなくもないが、おそらく私に期待されていることは、一

## （2）セクショナリズムの防止
## —企業会計と税務会計の連携強化—

### ①　会計課との関係

近年相次いで導入された新会計基準等と相まって、企業会計上と税務上とで取り扱いが乖離する事項が増えてきた。しかし、最終形の財務諸表及び税務確定申告書として表現される事項及び内容に差異が生じるのはやむを得ないとしても、取引に対する第一次認識表現である複式簿記原理に基づく会計仕訳は大部分共通である。つまり、取引を経理的に認識するに際しては、基本的視点として企業会計と税務の両方を念頭に置き合理的に判断することが必要である。いやしくも株式会社で実利を追求する実務家集団としては、「会計上はこうなるはずだが、税務上どうなのかは分からない。」、あるいは「税務上の取り扱いはこう決まっており、会計上どのような処理をしようが知ったことではない。」というような言動が同じ経理部のなかで公然と飛び交うようなことがけっして起きないよう厳に慎まなければならない。

むしろ、「会計課」と「税務会計課」が別組織となったこの時期にこそ、企業会計と税務会計は互いに表裏一体不可分のものであることを再認識し、このことを以後の代々に確実に引き継いでいかなければならない。

### ②　経理本部の他部門及び事業本部経理／事業所経理部門、関係会社経理部門との関係

言うまでもないことではあるが、税務機能は本社の経理部「税務会計課」のみで実施・発揮できるものではない。経理の機能の一つとして税務も含まれる。キャッシュマネジ

グループ一体となった統一的・経営戦略的対応が必要不可欠な状況となっている。即ち、国境を越えてグローバルに展開される大企業グループのビジネスに対しては、親会社所在国の税務当局のみならずグループ各社が所在する各国の税務当局も“移転価格税制”、“恒久的施設みなし課税”、“過小資本税制”、“タックスヘイブン対策税制”等を使った各国の課税権の主張と国家間の税の争奪戦が繰り広げられている。この“国際税務”に関して会社の経営戦略との整合性を保ちつつ適切に対処していくためには、単独決算及び税務を対象業務分掌とする「会計課」の中の「税務区」では限界があった。

③　日本国の連結納税制度への対応

加えて、日本国においても、平成14年度（2002年度）税制改正により、産業界待望の“連結納税制度”が導入されたことも見逃せない。幸い現在連結納税の対象となる100％出資の国内グループ各社はいずれも黒字申告法人であること等から、今直ぐこの“連結納税制度”を選択適用するメリットは認められないが、いずれか将来は本制度を適用することになるものと予見される。なお、この“連結納税”は企業会計上の“連結決算”とは似て非なるものであるが、同時に“連結納税制度”適用会社における企業会計上の“税金引当”と“税効果会計”は複雑難解なものであり、決算日程短縮化の障害とさせることなく円滑・確実に対応するためには、国内グループ各社における税務会計レベルの一段の向上と体制構築・整備が必須である。

上記の経営環境の変化を背景として、本年2005年１月１日付で「税務会計課」が創設されるに至ったのである。

2005年1月5日

2005年度 税務担当 年頭所感

―「税務会計課創設」と「私の副部長昇進」に際して想うこと―

経理部副部長
兼税務会計課長
菖蒲静夫

## 第一章 「税務会計課創設」について

(1) 組織は戦略に従う―グローバル&グループ税務戦略―

① 「税務会計課」独立の戦略的ニーズ

製造現場におけるセル生産及び多能工化の推進、並びに原材料・部品の調達から完成品の最終顧客への販売までをシームレスかつ効率的につなぐサプライ・チェーン・マネジメントの浸透等に代表される経営革新の流れが主張していることの一つとして、組織の肥大化・官僚化・細分化・部分最適化の防止、すなわち連結思考と全体最適化の追求が掲げられる。

従って、よほどの重大なニーズが経営戦略上認識されない限り、敢えて「会計課」から税務機能を分離し「税務会計課」を創設することはこの流れに逆行することになる。換言すれば、今まさに会社の「グローバル優良企業グループ構想」戦略が「税務会計課」の創設を促したに相違ない。

② 国際税務への対応

具体的には今や先進国間のみならず全世界的な大きな問題となっている“国際税務”に対し、グローバル企業として資産取引への課税など、国境をまたがるグローバルな税務問題への対応に迫られる、まさに経営意思決定と密接にリンクした高次元・最先端の問題への取組を期待される時代へと突入してきたことも忘れてはなりません。

このような大きなテーマに正面から取り組んでいくため、本年は、是非とも各事業本部並びに事業所経理そしてグループ関係会社の経理部門との連携体制を構築し、グループ全体の税務レベルアップを図ってまいりたいと存じます。

経営税務の担い手は、決して本社経理本部の税務担当３名のみではありません。全社そして全世界の経理部門全体で推進して行こうではありませんか。よろしくお願い申し上げます。

以上

## 1998年度 税務担当課長 年頭所感

1998年１月５日

税務担当課長　菖蒲静夫

**経理本部の一員として他部門に働きかける経営税務を推進しよう！**

会社創立61年目にして、社内初の税務担当課長が誕生しました。近い将来には組織制度上も法人税務課が発足することと存じます。それだけ今日の経営において税務面からのアプローチも不可欠の意思決定ポイントとして重要性が高まっている証拠です。

しかし、我々税務担当者として忘れてならないことは、決して税務はそれ自体で機能を発揮する独立組織ではあり得ないという点です。経理における重要なスタッフである経理部門で働く者全員が心得ていなければならないコモンセンスの一つに過ぎない、しかし絶対に必要な機能の一つです。

したがって、我々経理部門の一員である税務担当は、税務の専門家という狭い視点にとどまらず、経営スタッフとして企業経営に積極的に参画していくという、まず経営ありきという大きな視点で事に当っていく必要があります。

また、今日の税務は、単に税法に従って正しい申告・納税を行っていれば済んだ低次元の時代から、移転価格税制や外国子会社合算税制、恒久的施設みなし課税、知的財産等の無形

有する。
・税務調査に立会い、国内取引に加え国際取引についても、関係部門とともに説明・交渉し、まとめる責任を有する。
・税務調査全般について、関係部門からの税務相談を受付け回答する。
・１～３年目の担当者に自分の経験・ノウハウを完全に伝授・指導する。

５年目：・業務範囲は４年目と同じであるが、より一層のグレードアップを図る。
・税務担当としての５年間を総括する意味も含めて、足跡を残すプロジェクトを自ら設定しやり遂げる。

※・税務担当は、事業所又は事業部経理を３年以上経験した者から成るものとし、原則として新卒者は採らない。
・１年目の仕事の負荷が軽いように見えるが、この時期に税法の勉強と申告実務の基礎修得をきちんと行っておくことが、５ヵ年ローテーション実現のためには不可欠である。（私自身の経験としても、税務担当はオンザジョブトレーニングだけでは不十分であり、自己啓発による税法勉強のために、ある程度時間的な余裕を与えるべきである。）

以上

１年目：•消費税と源泉所得税の集計・申告・納税を主な業務とし、仮払金勘定と預り金勘定の管理も担当する。

•法人税担当の補佐として、税額計算と申告・納税実務の基礎を修得する。

•法人税法、消費税法、所得税法（源泉徴収編）の理論と計算を勉強する。


２年目：•法人税担当として、正しい税額計算と申告・納税について責任を有する。

•税務調査に立会い、国内取引について、関係部門とともに説明・交渉し、まとめる責任を有する。

•国内取引について、税務調査の反省点を整理し、改善策を立案・実行する責任を有する。

•国内取引について、関係部門からの税務相談を受付け回答する。


３年目：•業務範囲は２年目と同じであるが、より一層のグレードアップを図る。

•２年目の担当者に自分の経験・ノウハウを完全に伝授・指導する。

•４年目に備えて、移転価格税制、タックスヘイブン税制を勉強しておく。

４年目：•国際税務担当として、移転価格税制、タックスヘイブン税制、その他国際取引に係る税務全般にわたり、税制の動向と会社の現状・問題点を調査し、関係部門とともに対応策を立案・実行する責任を課題となった。

このような状況のもと、今や税務担当は、製品の販売価格決定プロセス、投融資案件の立案、無形資産の取得・提供、開発費・本社費の回収など、まさに経営の意思決定に事前・事中に深く関与しサポートする存在としての重要な役割を期待されている。

したがって、第二次グローバル企業構想の推進に合わせて、税務担当は好むと好まざるとに関わらず、会計課さらには経理部の枠を超えた機能を果たす戦略的存在として組織的にも独立していくことになるであろう。

【Key Words】

① 事務屋から経営管理スタッフへ
② 税務調査反省・改善型から事前指導・予防型へ
③ 相談受付型から問題発見解決策提案型へ
④ 固定的エキスパート集団から流動的複眼スペシャリスト集団へ
⑤ 親会社単体税務からグローバル＆グループ税務へ

### ［2］税務担当5ヵ年ローテーション体制（案）

少数の限られた専門家に税務を任せっぱなしにしている現状を改め、一般的な経理要員としてのジョブローテーションの一環に税務を組み込む。各拠点に税務担当経験者を配置することが可能となり、本人にとっても企業にとっても経理部門の活性化と充実が図られる。

（参考資料）

1993年２月15日
経理部会計課
課長代理　菖蒲提案

**税務グループ５ヵ年計画**
**― 第二次グローバル優良企業構想と会社の税務対応 ―**

### ［１］ 税務担当の役割の変貌

“税務署徴税事務代行型税務”から“経営意思決定サポート型税務”への脱皮

従来の税務担当の役割を端的に言えば、「誤りのない税金計算と納税事務の遂行」が基本であり、換言すれば「税務署の徴税事務の代行屋」としての役割が中心であった。
もちろん、税法に定められている各種の節税措置を活用したり、税務調査において会社に不利とならないような解釈を説得したり、社内関係部門に対して遵法指導・牽制を行うといった、会社構成員として当然の役割は担ってきたかもしれないが、未だ経営の意思決定を左右するほどの役割は期待されていなかった。（悪く言えば、最初に意思決定ありきで税務担当はその後始末役程度の存在でしかなかった。）

しかし、企業のグローバル化の進展と、80年代後半からクローズアップされてきた移転価格税制やタックスヘイブン税制などの“国際税務問題”の顕在化・深刻化によって、一躍税務部門の強化・充実が経営意思決定に必要不可欠の

## ●著者略歴


**菖蒲　静夫**（あやめ　しずお）

1958年　12月生まれ
1981年　キヤノン㈱入社、光学機器事業部 総務部経理課 配属
1984年　経理部 会計課 税務担当
1990年　税理士試験合格（簿記論・財務諸表論・法人税法・消費税法・相続税法）
1992年　経理部 会計課 主任研究員
1993年　経理部 会計課 課長代理
1998年　経理部 会計課 税務担当課長
2005年　経理部 副部長 兼 税務会計課長（税務会計課 新設）
2007年　経理部 税務担当部長
2016年　理事・経理本部 税務担当 上席（現在）

※社外団体への参加状況
（一社）　日本経済財団体連合会 税制委員会 企画部会 委員
（一社）　日本経済財団体連合会 21世紀政策研究所 国際租税研究会 委員
（一社）　電子情報技術産業協会 財務・税制委員会 税制専門委員会 委員
（公社）　日本租税研究協会 企画・運営小委員会 委員
（一社）　ジャパンタックスインスティチュート 税制委員会 委員
日本機械輸出組合 国際税務研究会 委員（2012～2017年座長）

経済産業省 以下の研究会・勉強会委員
・国際租税小委員会 委員（2008年）
・タックスヘイブン対策税制及び無形資産の取扱いに関する研究会（2013年）
・BEPSを踏まえた移転価格文書化対応及び海外子会社管理の在り方に係る研究会（2014年）
・日本企業の海外展開を踏まえた国際課税制度の在り方に関する研究会（2015年）
・最低税率課税制度及び外国子会社合算税制のあり方に関する研究会（2022年）
・研究開発税制等の今後の在り方に関する勉強会（2013～2022年）

# 税務担当奮闘記
## —企業税務の心得と体制強化—

2024年11月1日　第1版第1刷発行
2024年12月20日　第1版第2刷発行

著　者　菖　蒲　静　夫
発行者　山　本　継
発行所　㈱中央経済社
発売元　㈱中央経済グループパブリッシング

〒101-0051　東京都千代田区神田神保町1-35
電話　03（3293）3371（編集代表）
03（3293）3381（営業代表）
https://www.chuokeizai.co.jp
印刷／東光整版印刷㈱
製本／誠　製　本　㈱



＊頁の「欠落」や「順序違い」などがありましたらお取り替えいたしますので発売元までご送付ください。（送料小社負担）
ISBN978-4-502-51791-4　C3034